CRC Press
Taylor & Francis Group

"侦查学"国家一流专业建设成果
江苏省十四五"国家安全学"重点学科建设成果
江苏高校"青蓝工程"资助研究成果

犯罪学前沿译丛

刘蔚文　主编

江苏省高校哲学社会科学研究基金项目
"新型城镇化进程中犯罪风险分析及防控——基于犯罪经济学视角"（2017SJB0449）

POLICE AND PROFILING IN THE UNITED STATES: APPLYING THEORY TO CRIMINAL INVESTIGATIONS

犯罪侧写：理论与实践

[美]劳伦·M. 巴罗（Lauren M. Barrow）
[美]罗纳德·A. 鲁福（Ronald A. Rufo）　◎著
[美]索尔·阿拉姆布拉（Saul Arambula）

郑雁升◎译

知识产权出版社
全国百佳图书出版单位
——北京——

Police and Profiling in the United States: Applying Theory to Criminal Investigations 1st Edition/by Lauren M. Barrow, Ronald A. Rufo, Saul Arambula/ISBN: 978-1-4665-0435-6

Copyright© 2014 by CRC Press.

All rights reserved. Authorized translation from the English Language edition published by CRC Press, a member of the Taylor & Francis Group LLC.

版权所有，侵权必究。本书原版由 Taylor & Francis 出版集团旗下 CRC 出版公司出版，并经其授权翻译出版。

Intellectual Property Publishing House Co., Ltd. is authorized to publish and distribute exclusively the Chinese (Simplified Characters) language edition. This edition is authorized for sale throughout Mainland of China. No part of the publication may be reproduced or distributed by any means, or stored in a database or retrieval system, without the prior written permission of the publisher.

本书中文简体翻译版授权由知识产权出版社有限责任公司独家出版并仅限在中国大陆地区销售。未经出版者书面许可，不得以任何方式复制或发行本书的任何部分。

Copies of this book sold without a Taylor & Francis sticker on the cover are unauthorized and illegal.

本书贴有 Taylor & Francis 公司防伪标签，无标签者不得销售。

图书在版编目（CIP）数据

犯罪侧写：理论与实践/（美）劳伦·M. 巴罗（Lauren M. Barrow），（美）罗纳德·A. 鲁福（Ronald A. Rufo），（美）索尔·阿拉姆布拉（Saul Arambula）著；郑雁升译. —北京：知识产权出版社，2022.12

（犯罪学前沿译丛／刘蔚文主编）

书名原文：Police and Profiling in the United States: Applying Theory to Criminal Investigations

ISBN 978-7-5130-8260-0

Ⅰ.①犯… Ⅱ.①劳…②罗…③索…④郑… Ⅲ.①犯罪学—研究 Ⅳ.①D917

中国版本图书馆 CIP 数据核字（2022）第 156063 号

责任编辑：韩婷婷　韩　冰	责任校对：潘凤越
封面设计：北京乾达文化艺术有限公司	责任印制：刘译文

犯罪学前沿译丛

犯罪侧写：理论与实践

［美］劳伦·M. 巴罗（Lauren M. Barrow）
［美］罗纳德·A. 鲁福（Ronald A. Rufo）　　◎著
［美］索尔·阿拉姆布拉（Saul Arambula）
郑雁升◎译

出版发行	知识产权出版社有限责任公司	网　　址	http://www.ipph.cn
社　　址	北京市海淀区气象路50号院	邮　　编	100081
责编电话	010-82000860 转 8126	责编邮箱	hanbing@cnipr.com
发行电话	010-82000860 转 8101/8102	发行传真	010-82000893/82005070/82000270
印　　刷	三河市国英印务有限公司	经　　销	新华书店、各大网上书店及相关专业书店
开　　本	720mm×1000mm　1/16	印　　张	17
版　　次	2022年12月第1版	印　　次	2022年12月第1次印刷
字　　数	262千字	定　　价	89.00元

ISBN 978-7-5130-8260-0

京权图字：01-2022-4674

出版权专有　侵权必究

如有印装质量问题，本社负责调换。

前　言

　　2012 年 12 月 14 日，周五，20 岁的亚当·兰扎（Adam Lanza）射杀了他的母亲南希（Nancy），在朝母亲面部开了 5 枪后，他驱车 5 英里（1 英里 = 1609.344 米）来到桑迪胡克小学，杀害了 20 名儿童（6~9 岁）和 6 名当天在学校工作的成年人。案件中大多数受害者都是无辜的，这是美国历史上最严重的枪击事件之一。

　　在大规模枪击事件发生后，新闻媒体往往会疯狂地试图为案件的发生找到一个合理的动机——这只是为了给公众提供某种程度的慰藉。警察、探员、侧写师和心理专业人员要去探索案件的真相，并搜索凶手的历史和行为，以猜测一个可能的动机，并为发现的每一个线索赋予自己的见解。对动机的猜测和对暴力的宣扬往往涉及凶手不幸的童年时期。这个案子也没什么不同。执法部门收集了有关亚当·兰扎生活方式的详细资料，不幸的是，这些资料反映了大多数大规模枪击案凶手的生活方式：亚当·兰扎是一个孤独的人，与社会格格不入，可能受到他人虐待（欺凌），并对社会产生不满。

　　事实上，无论刑事司法或心理健康方面的专业人士如何假设，我们也永远无法确切知道那天是什么触发了兰扎的行动，也许他认为自己会在这起枪杀案中获得一些成就感。他进入大楼的方式（从前窗向外射击）表明，他知道自己的行为是错误的，但除此之外，没有什么可以确定的了。

　　枪杀案发生后不久，对于杀人动机的推测就开始在电视上播出。这些报道出现的原因有很多，可以理解，但不重要，因为只要这个领域的专业人士能够履行他们的专业职责，那么很多人苦苦寻求的答案最终就会出现。事件发生的当天，一名经常接受执法部门采访的美国联邦调查局前侧写师表示，"杀害自己母亲的人什么事情都做得出来"，他补充道，"他的母亲做了什么？她是一名幼儿园老师。她有爱她的孩子们，她也爱他们。他射杀了母亲，也把枪口指向了孩子们，在他眼中，那些孩子与母亲是一体的。他杀害了母亲所爱的人。"这个故事达到了它的目的，即给大众解释了原因。可惜他的判断是错误的。到目前为止，南希·兰扎和桑迪胡克小学之间的关系尚未确定。

更大的问题是，这个侧写师作为行业的代表发表了自己的声明。他在美国联邦调查局的地位增加了其言论的可信度。而事实上，他的发言却破坏了这个职业的形象，以及它的贡献和价值……但这些影响仅限于那些密切关注此事的人。他将这个答案提供给当时需要它的人，尽管答案是错误的。对于他的专业同事而言，他只是添加了一长串不正确、不准确、不科学和未确认的侧写。幸运的是，他并不是唯一一个被咨询的前侧写师。《危险本能》一书的作者玛丽·埃伦·奥图尔（Mary Ellen O'Toole）也接受了采访，尽管她的回答没有提供具体的答案。她建议耐心等待专业人士进行全面的调查，这似乎就像一句咒语；鉴于存在大量未知信息（如电脑和手机内容、与学校的关系），她拒绝提供绝对的答案；当谈到精神病的定义时，她教育人们，要对是非进行法律方面的考量，并且要考虑犯罪现场对某些行为进行分类的复杂性。可以肯定的是，她的采访并没有让观众有更好的理解，也没有之前的采访"卖座"（即较高的安慰价值），但可量化的和可靠的信息的长期收益，却远远超过了迄今为止困扰该领域的快速的、通常不准确的报道。

本书试图通过向读者介绍在组织调查及诉讼准备中的有效信息，来消除几十年来不准确和不可靠证据带来的影响。毕竟，在上述情况下，作为犯罪的一部分，罪犯如果采取自尽行为，那么其真正动机就永远不会为人所知。即使留下一张纸条，也只能解释部分的心理活动过程（计划），而不能解释引发行动的动机。在大量的输入、干预和潜在输出的影响下，即使罪犯还活着，也几乎不可能完全确定其犯罪动机。但为了法庭审判的需要，最好能够构建一个符合"超越合理怀疑"标准的描述。

本书为大学生教材，同时适用于警察培训。它由学术机构研究人员与实战专家共同撰写而成，其主要目的是为犯罪侧写提供双重视角，识别连环罪犯的个性和特征，以及认识犯罪侧写背后的理论。本书还重点介绍了犯罪现场调查、归纳和演绎推理的重要性，以及未来该领域的发展方向。本书有望成为执法和刑事司法专业人员的重要专业文献。本书可用于公安院校和实战部门有关提升警觉性的培训。尽管本书是一本大学生教材，但任何对犯罪侧写这个迷人世界感兴趣的人都会觉得它很有趣，因为它提供了与其他讨论犯罪侧写的书籍不同的视角。

研读本书的学生可能正在攻读学士或硕士学位，主修刑事司法、犯罪学或犯罪现场调查。随着技术的进步，这一领域的发展日新月异。与时俱进、应对变化、提高认识，正是作者的目标。本书的主要写作目的是为一学期的"犯罪侧写技术与理论"课程提供一个可读的、全面的教材。本书可以成为执法和刑事司法专业人员职业图书馆的永久收藏。

致　谢

本书是在许多敬爱的朋友关心和帮助下完成的，他们在许多方面对我有特别的意义。感谢我的合著者劳伦·巴罗（Lauren Barrow）对犯罪分析和整个刑事司法领域的贡献。她有敏锐的洞察力和丰富的知识，很高兴和她一起写这本书。感谢琳达·杜姆克（Linda Dumke），一位亲爱的朋友和杰出的编辑。

感谢罗恩·鲁福（Ron Rufo）坚定可靠的精神。他坚持不懈地想把现实生活的经验带进学术对话中，这最终将使读者和学术界受益匪浅，他想分享"街头实践"经历的愿望令人惊叹。在编辑和校对方面，他付出了很多耐心，深表感谢。

克里夫·罗伯逊（Cliff Roberson）博士、弗兰克·斯莫恩格（Frank Smallenger）博士、保罗·鲁弗罗（Paul Ruffolo）博士和劳伦斯·西蒙（Laurence Simon）博士，四位在刑事司法领域极具天赋的作家和学者，感谢他们多年来的指导、友谊和鼓励。

特别致谢芝加哥警察局的警官：辛西娅·舒曼（Cynthia Schumann）中士，教育学博士、警探索尔·阿拉姆布拉（Saul Arambula），犯罪现场调查员、物证鉴定专家赫伯特·基勒（Herbert Keeler），感谢他们在这项工作中提供的帮助、支持和指导。真诚地感谢提供了独到见解和帮助的学生们，尤其是莎拉·弗兰森（Sarah Franzone），感谢她高效率的工作和富有感染力的工作热情。

特别感谢贾斯汀·罗恩（Justin Roa）的精美插画作品。艾琳娜（Alinah）会十分骄傲的。

最后，感谢卡罗琳·斯彭斯（Carolyn Spence），以及 CRC 出版社和 Taylor & Francis 集团全体员工的支持、指导和专业知识。在此深表感激。

作者介绍

劳伦·M. 巴罗（Lauren M. Barrow）博士，现任美国宾夕法尼亚州费城切斯努特山学院刑事司法助理教授。2007年毕业于纽约州立大学研究生中心约翰·杰伊刑事司法学院，曾任新泽西州蒙莫斯大学本科生和研究生课程的兼职讲师，还曾是卡普兰大学硕士课程的在线讲师。作为一名博学多闻的人，巴罗讲授了一系列刑事司法课程，涉及毒品滥用、有组织犯罪、刑事道德、犯罪学、受害者学、少年司法和国土安全等。她是新泽西发育障碍受害者联盟的创始成员。在聋人社区进行了关于受害风险的创新性研究，并撰写了《聋哑人刑事受害》一书，由LFB学术出版有限责任公司于2008年出版。巴罗博士在课堂和网络上指导本科生和研究生学习已十余年。

罗纳德·A. 鲁福（Ronald A. Rufo），教育学博士，一名从警18年的芝加哥警察。他职业生涯中的大部分时间都在犯罪预防部门担任发言人，并就定性罪犯、犯罪调查和街道安全问题发表了数百次演讲。鲁福博士在犯罪现场调查、警务程序和政策方面教授过很多课程。作为芝加哥警察局同级支援小组的组长，他是一个富有同情心和爱心的人，特别是在抚恤因公殉职警察的活动中发挥了重要作用。在为市民服务的过程中，他获得了许多奖项、嘉奖、荣誉奖和感谢信。

鲁福博士在美国伊利诺伊州罗密欧维尔市的路易斯大学获得刑事司法社会文学学士学位；2000年，他以最高荣誉毕业，并成为这所大学的一名研究人员。2002年获路易斯大学组织领导学硕士学位，2007年获芝加哥阿尔戈西大学博士学位。他的毕业论文题目为《被定罪的男性罪犯在网络上对未成年人的侵犯行为的调查》。鲁福博士的第一本著作《我们身边的性侵犯者》，于 2011 年由 CRC 出版社和 Taylor & Francis 集团出版。此外，他还撰写了《恐怖主义与财产管理》一书。

鲁福博士目前是卡普兰大学的兼职教授，同时在芝加哥城市学院任教。

索尔·阿拉姆布拉（Saul Arambula）博士，目前是芝加哥警察局的一名探员。在 18 年的职业生涯中，阿拉姆布拉博士在芝加哥警察局的多个部门工作过，其中包括警探部门的暴力犯罪部门。他调查了数百起杀人、枪击、绑架、性侵犯、抢劫等暴力犯罪案件。他曾被派到芝加哥警察局侦缉部门的爆炸和纵火部门及特别受害者部门工作，并在为美国调查服务及反恐和情报部门工作时，担任情报和犯罪侧写师。他花费了十多年的时间致力于研究芝加哥街头帮派和毒品走私活动。阿拉姆布拉博士是一名非常出色的侦探，累计获得了超过 120 个部门奖项。他的证书包括有害物质、大规模杀伤性武器（WMD）、中小学教学、NIMS、恐怖主义预防和威慑、纵火和火灾调查员、二级消防员、访谈和审讯员、首席凶杀案调查员、危机和高级危机谈判代表、血溅分析、心肺复苏和急救等。阿拉姆布拉博士在伊利诺伊大学芝加哥分校获得刑事司法和心理学学士学位；2005 年获得了伊利诺伊理工学院（芝加哥）的公共管理硕士学位；2010 年获得了伊利诺伊职业心理学学院的组织领导博士学位，并且以最高荣誉毕业。他的毕业论文题目是《罪犯再进入：对被定罪的重罪犯所感知的附加制裁对重新融入过程的影响的探索性研究》。

阿拉姆布拉博士目前在芝加哥警察局的刑事登记部门工作，他的任务是对杀人犯、性犯罪者和纵火犯进行采访和登记。近年来，他持续对许多与犯罪相关的项目进行研究，并对教学工作十分感兴趣。

目　录

第一章　导论 ·· 1

　　学习目标 ·· 3
　　关键词 ·· 3
　　一、犯罪侧写简介 ·· 4
　　二、各学科对犯罪侧写的贡献 ·· 5
　　三、犯罪侧写领域的领军人物 ·· 10
　　参考文献 ··· 15

第二章　理论基础 ·· 17

　　学习目标 ··· 19
　　关键词 ··· 19
　　一、引言 ·· 20
　　二、历史演变 ·· 21
　　三、古典主义 ·· 24
　　四、新古典主义 ··· 26
　　五、实证主义 ·· 27
　　六、决定论 ·· 28
　　七、犯罪学理论 ··· 28
　　参考文献 ··· 40

第三章　逻辑推理实务 ························· 45

　　学习目标 ····························· 47
　　关键词 ······························ 47
　　一、逻辑导论 ··························· 48
　　二、谬论 ····························· 49
　　三、演绎逻辑和归纳逻辑 ····················· 53
　　四、刑事司法逻辑 ························· 57
　　参考文献 ····························· 58

第四章　童年警示信号 ························· 59

　　学习目标 ····························· 61
　　关键词 ······························ 61
　　一、引言 ····························· 62
　　二、历史因素 ··························· 62
　　三、理论 ····························· 66
　　四、心理因素 ··························· 69
　　五、社会决定因素 ························· 70
　　参考文献 ····························· 77

第五章　动机与犯罪类型 ······················· 81

　　学习目标 ····························· 83
　　关键词 ······························ 83
　　一、引言 ····························· 84
　　二、动机 ····························· 85
　　三、动机观点 ··························· 88
　　四、触发因素 ··························· 91
　　五、意图 ····························· 92
　　六、犯罪类型学 ·························· 92

七、社会学因素 ·········· 96

八、犯罪现场特征 ·········· 98

参考文献 ·········· 100

第六章　性侵犯与动机性犯罪 ·········· 103

学习目标 ·········· 105

关键词 ·········· 105

一、虐待儿童与儿童性虐待及其影响 ·········· 106

二、性暴力 ·········· 110

三、暴力或虐待循环 ·········· 111

四、性变态 ·········· 113

五、网络犯罪与互联网 ·········· 113

六、性瘾 ·········· 115

七、性暴力的人 ·········· 117

八、窥阴癖（偷窥） ·········· 118

九、跟踪 ·········· 118

参考文献 ·········· 120

第七章　连环及暴怒杀手 ·········· 123

学习目标 ·········· 125

关键词 ·········· 125

一、引言 ·········· 125

二、谋杀类型 ·········· 126

三、基本人口统计资料 ·········· 130

四、既有侧写 ·········· 131

五、类型 ·········· 144

六、动机 ·········· 146

七、因果关系 ·········· 147

参考文献 ·········· 148

第八章　英雄情结杀手 ··· 153

学习目标 ·· 155
关键词 ·· 155
一、引言 ·· 156
二、初级护理提供者 ··· 158
三、公共服务 ·· 165
参考文献 ·· 168

第九章　犯罪现场线索及调查 ······································· 171

学习目标 ·· 173
关键词 ·· 173
一、犯罪现场 ·· 174
二、现场警员（初步调查员） ·· 174
三、犯罪现场评估 ·· 175
四、数据收集 ·· 176
五、保管链 ·· 177
六、罗卡交换原则和痕迹物证 ·· 178
七、CSA、CST 和 CSP ··· 179
参考文献 ·· 187

第十章　犯罪地理侧写 ·· 189

学习目标 ·· 191
关键词 ·· 191
一、犯罪地理侧写 ·· 192
二、距离衰减理论 ·· 195
三、贝叶斯预估法 ·· 196
四、预测警务 ·· 197
五、CGT、GIS、COMPSTAT、CEWS、Blue CRUSH 和 MAPS ······ 198

- 六、21世纪理性选择理论 ······ 203
- 七、社会无组织理论 ······ 204
- 八、环境犯罪学 ······ 205
- 九、破窗理论 ······ 206
- 参考文献 ······ 209

第十一章 受害者特征 ······ 213

- 学习目标 ······ 215
- 关键词 ······ 215
- 一、引言 ······ 216
- 二、生活方式理论 ······ 219
- 三、日常活动理论 ······ 219
- 参考文献 ······ 223

第十二章 结论 ······ 225

- 一、引言 ······ 227
- 二、研究方法论 ······ 227
- 三、基于犯罪现场的方法 ······ 228
- 四、基于心理学的方法 ······ 231
- 参考文献 ······ 233

索引 ······ 235

第一章

导论

这名未知的嫌疑人是一名"中年男性，联合爱迪生公司的前雇员，在工作中受伤，长期患病，偏执，整洁细致，有海外背景，接受过一些正规教育，未婚，独居或与'母亲般的'女性亲属同住"。

——布鲁塞尔（Brussel, 1968）

学习目标

- 奠定学习犯罪侧写的历史基础。
- 引入必要的理论知识和实践证据，将实践经验与可靠的统计实践相结合。
- 了解犯罪侧写的领军人物。
- 讨论犯罪侧写发展的主要学科。

关键词

BAU

BSU

犯罪侧写（Criminal profiling）

犯罪学（Criminology）

詹姆斯·A. 布鲁塞尔（James A. Brussel）

暴露（Leakage）

国家暴力犯罪分析中心（NCAVC）

受害者心理研究专家（Victimologist）

一、犯罪侧写简介

早期的犯罪学家认为犯罪心理可以通过身体特征来识别，他们将犯罪现场与罪犯的性格和心理联系起来。伴随着凯撒·贝卡利亚（Cesare Beccaria）和其他启蒙时代哲学家的著作（见第二章）的问世，犯罪学在18世纪末和19世纪初出现，但犯罪侧写的历史时间线仍有待考察。纵观犯罪侧写的历史，犯罪学家、精神病学家、侦探、侦查顾问、学者和研究人员都对当今侧写技术的发展做出了贡献（Welch and Keppel, 2006）。由于本书的编写目的是成为执法工具，而不是参考手册，所以本书的作者选择使用纽约疯狂炸弹客（20世纪50年代中期）案件作为现代犯罪侧写的起点。

几十年来，执法人员一直试图深入罪犯的内心，不仅要确定是什么使罪犯犯罪，而且要在犯罪行为已经发生后确定未知的罪犯。这一过程被称为犯罪人侧写、犯罪侧写、法医侧写、犯罪人格侧写等。尽管表述不同，但这些术语均表明这是"一种行为和调查工具，旨在帮助调查人员准确预测和分析未知犯罪主体或犯罪人的特征"（Kocsis, 2009）。具体来说，美国联邦调查局将犯罪侧写（Criminal Profiling, CP）定义为一种分析特定犯罪或一系列犯罪的过程，并对未知的犯罪人进行行为合成（McGrary, 2004）。美国联邦调查局建议使用以下要素来创建个人侧写资料：

- 输入
- 模型
- 评估
- 调查

本书介绍了这四个要素之间的关系，以及它们在实现理解最终目标方面的作用。其中一个步骤为识别个别特定犯罪人的特征，如决定犯罪人行为的警示、信号、指示或高优先级威胁。然而，事实上，结果是可以预测的吗？

调查人员很少有机会询问罪犯在犯罪行为发生时（或行为发生前）的想法，或者他们认为自己接下来会犯什么罪，以及为什么选择某个特定的受害者而不是其他人。相反，调查人员不得不面对无穷无尽的变数，即便如此，确定一个罪犯做出犯罪行为的可能只是一个侥幸的猜测。犯罪侧写需要调查者仔细研究犯罪现场的照片与视频、尸检报告及其照片、实验室报告、调查大纲和媒体报道，并使用逻辑、常识、预感或估计来猜测罪犯采取的下一步行动（Aldred，2007）。这个过程可能需要几天或几周才能完成。"如果你要我做人格侧写，"皇家骑警军士皮埃尔·尼赞（Pierre Nezan）说，"我需要大量的材料，这不是仅仅通过电话就可以完成的，也不是简单的'给我五分钟的故事，我会告诉你是谁干的'。这是一个非常复杂的过程。"

本书试图通过向研究者提供必要的理论知识和实践证据，结合该领域发展中的实践经验与可靠的数据基础，从而使他们能够相信自己的"直觉"。在一个人能够充分理解构建侧写的过程之前，需要一些历史的观点。首先必须从多个学科来看待犯罪侧写的创建，这主要是因为在历史上，解决问题的多学科方法——尤其是在社会科学中——并不存在。因此，为了理解侧写的基础，读者必须首先考虑这些过程是如何在每个学科中发展的，包括精神病学、法医学和犯罪学。

二、各学科对犯罪侧写的贡献

（一）精神病学

关于犯罪的主流观点，通常包括这样一种认知：罪犯具有某种精神障碍——或者是一种疾病，或者是一种心智缺陷，使他们认为自己的犯罪行为是可以被接受的。社会学家关于精神障碍和暴力之间关系的认知，最早记载于柏拉图（Plato）的一篇对话中，威廉·莎士比亚（William Shakespeare）在《驯悍记》和《亨利四世》中也提到了这种联系。

这些社会观念对公共政策产生了重要影响，例如，通过精神障碍患者自愿住院及使用药物来控制犯罪人数。这个具有挑战性的争议可以用两个问题来定义：精神障碍和暴力之间是否存在本质的联系？如果存在联系，能否将有暴力行为的精神障碍患者与那些不会有暴力行为的患者区分开来？美国国家司法研究所和弗吉尼亚大学法学院（莫尼汉和弗吉尼亚大学法学院，1996）报告显示，在美国，心理障碍导致暴力行为的误差是3%。其他研究已经表明，与施暴者相比，精神障碍患者更有可能成为受害者。最重要的是，精神障碍与暴力行为之间的联系不是基于对精神疾病的诊断，而是基于当前的精神状况。这些研究人员假设，在公共卫生框架下，暴力的危险因素可分为四类：

（1）个人或性格因素：年龄、性别、种族、对愤怒的控制力、冲动。

（2）发展或历史因素：虐待儿童史、工作史、暴力史、精神障碍病史。

（3）环境因素：环境压力、社会支持、武器可及性。

（4）临床因素：妄想、幻觉、药物滥用。

这种观点来自精神病学家和心理学家在对罪犯的犯罪动机和行为的理解过程中做出的关键贡献。而这种观点面临的挑战是，在很大程度上，他们对一个人的行为或动机的假设是通过面对面的临床访谈、使用科学认可的人格测试，以及对个人历史的全面评估和检查得出的。这些因素通常在嫌疑犯被确定后更有用，特别是在案件走向审判时；而在试图确定一个未知的嫌疑犯时，其作用并不明显。

尽管如此，当代首次使用犯罪侧写要归功于精神病学家詹姆斯·A.布鲁塞尔（James A. Brussel）博士。1940—1956年，纽约市发生了一系列不分青红皂白的炸弹袭击事件，布鲁塞尔博士被邀请为该事件的"幕后主使"撰写一份个人侧写。

综上所述，布鲁塞尔博士从多个方面描述了这个未知的嫌疑人特征，包括：中年男性，联合爱迪生公司的前雇员，在工作中受伤，长期患病，偏执，整洁细致，有海外背景，接受过一些正规教育，未婚，独居或与"母亲般的"女性亲属同住（Brussel，1968）。最后，布鲁塞尔的资料被认为是相当准确的。但他认为，自己所提供资料的一些内容虽然准确，但并不需要特别的知识。

纽约疯狂炸弹客

1931年9月5日，梅茨基（Metesky）在联合爱迪生公司的"地狱之门"工厂做发电机养护工作，突然涌出的热毒气体将他冲到地上。经过检查后，医生并未发现此次事故对他造成严重的伤害。

在接下来的几个月里，他没有成功地争取到永久性残疾补贴，但他声称事故给他带来了严重的头痛。梅茨基在接下来的9年里，对联合爱迪生公司进行了猛烈的抨击。

1940年11月16日，警方从曼哈顿西64街的爱迪生大楼拆除了一枚未爆炸的炸弹。该炸弹被放置在一个工具箱内，上面写着："骗子联合爱迪生，这是给你的。"

这是梅茨基在未来16年里于曼哈顿分散的地点放置的37枚炸弹中的第一枚。

- 在20世纪40年代和50年代，大部分劳动力都是男性，而现场留下的纸条表明嫌疑人曾在联合爱迪生公司工作，考虑到当时的社会规范，假定嫌疑人是男性是有道理的。
- 第一个炸弹的纸条上写着："骗子联合爱迪生，这是给你的。"随后，一封寄给曼哈顿警察局的信中写道："我会把联合爱迪生绳之以法，他们会为自己的卑劣行径付出代价。"其他的纸条也寄给了联合爱迪生公司。所有的证据都表明，他是一位在工作中遭受损失的雇员。
- 从炸弹客的信件中可以看出，此人受过良好的教育，但他要么是在外国出生的，要么是与外国出生的人生活在一起——他的写作带有某种欧洲人的僵硬，缺少美国俚语和口语的表达习惯。布鲁塞尔特别指出，这些信件似乎是先用外语写的，然后再翻译成英语。

- 看着这些手写的信件，布鲁塞尔特别注意到了其中的偏执语言，并猜测袭击者不是偏执狂就是精神分裂症。由于这两种精神障碍的高峰期都在 35 岁左右，而且爆炸案已经持续了 16 年，他根据统计数据和医学证据，较有信心地将罪犯年龄描述为 40～50 岁。

- 偏执狂会尽一切努力避免任何瑕疵的出现。布鲁塞尔发现每个字母都是完美的组合，除了一个字母"W"，它的组合像两个"U"；在布鲁塞尔看来，它象征着一对女性乳房。这暗示着，这名疯狂袭击者的母亲可能已经去世，或者他与一位年长的女性亲戚单独生活；他是一个孤独的人，没有朋友，单身，但不是同性恋。

- 从那个疯狂的炸弹客整洁有组织的信件中，布鲁塞尔推断出他是一个非常整洁和"得体"的人。他可能是一名优秀的员工，总是准时，总是表现最好。

- 从炸弹的制作工艺来看，布鲁塞尔得出的结论是，罪犯接受过电工或管道钳工的培训。他可能没有在工作中违反过任何纪律。而如果他被解雇，可能是出于医疗原因，而不是工作表现或纪律问题。

- 布鲁塞尔还被疯狂的炸弹袭击者用刀砍断了他在电影院的座位，并且袭击者选择使用炸弹袭击，这是粗鲁和草率的行为，不符合袭击者有序和整洁的个性。

- 考虑到袭击者使用英语的方式（不恰当且过于正式），以及使用炸弹作为首选的攻击方式，布鲁塞尔认为，袭击者是独特的斯拉夫人——很可能来自波兰。

- 布鲁塞尔知道这些信要么寄自纽约，要么寄自威彻斯特郡。他觉得袭击者很聪明，不可能从自己住的地方寄出这些信，于是猜测，他可能是从附近某个地方去纽约的路上寄出的。布鲁塞尔绘制了一条从纽约到威彻斯特郡的路线，经过康涅狄格州的布里奇波特，他知道那里有一个很大的波兰人社区。

有了这些信息，警方在 1956 年圣诞节那天向媒体公布了这份侧写。不久之后，联合爱迪生公司的一名职员爱丽丝·凯莉（Alice Kelly）根据这种语言表达习惯及相关问题，提醒警方注意曾提出永久性残疾补贴要求的乔治·梅茨基。最后，布鲁塞尔提供的资料被认为给出了对袭击者潜在身份的宝贵意见，并缩小了调查的范围。

（二）法医学

在法医学方面，法医的工作是将医学的原理和知识应用于法律领域，包括记录和解释受害者与其死亡相关的环境之间的内在联系（Turvey，2012）。法医被描述为这样一群人："客观地研究受害者的特征、受害者所遭受的痛苦、受害者与罪犯的互动，以及公众对受害者的反应（Karmen，2009）"。这一定义在某些方面反映了受害者心理研究专家的定义。然而，具体的目标是不同的，因为法医学家主要关注的是通过运用受害者的一些特征来识别罪犯，而受害者心理研究专家则试图解释受害者自身经历的情况和反应。

保罗·柯克（Paul Kirk）博士可能是第一个提出准确的犯罪重建和对物证的分析可以得出一个可靠的犯罪轮廓的物理学家（生物化学家）。虽然犯罪侧写直到20世纪70年代早期才完全成为一门受人尊敬的学科，但早在1953年，柯克就认识到物证的内在价值（Kirk，1953）。1974年，柯克和桑顿（Thornton）提出，警方可利用身体特征的相关知识更有效地锁定嫌疑人。

> 在警方调查人员拘留一名嫌疑犯之前，或者事实上，在他怀疑一名可能的行凶者之前，物证往往对警方非常有帮助。例如，如果实验室能描述罪犯的衣服，说出他的身高、年龄、头发特征或类似的信息，那么警察的搜查范围就相应地缩小了。
>
> ——柯克和桑顿（1974）

鉴于柯克在确定嫌疑人身份领域所做的努力，以及他在加州大学伯克利分校的地位（该校在刑事司法实践领域拥有众多开创性研究成果），他的思想具有很大的影响力，并对20世纪70年代早期美国联邦调查局行为科学部门（Behavioral Science Unit，BSU）的出现做出了贡献。

（三）犯罪学

一般来说，犯罪学是建立在对犯罪和犯罪行为的科学研究基础上的跨学科专业，包括表现、原因、法规和控制（Schmalleger，2011：10）。犯罪学作为研究犯罪的学科，主要关注以下几方面的内容：

- 环境条件；社会问题，包括贫穷、毒品和人口过密；个性与家族史。
- 犯罪动机。
- 犯罪行为、特质、特征与模式。
- 与犯罪有关的各种因素和理论，包括社会学、生物学、心理学，以及精神病学和情感问题。
- 所犯罪行的本质。
- 研究，包括案例研究、犯罪率和统计数据。
- 监禁罪犯，惩罚和改造。
- 寻求消除或减少累犯的处理方案。

三、犯罪侧写领域的领军人物

一些学者（Turvey，2012）认为，侧写行为早在公元前就存在了；而另一些学者则认为，现代意义上的犯罪侧写出现在19世纪初，当时生物学派的创始人从罪犯的可测量特征中寻找对犯罪行为的解释。虽然现代侧写的起源有待讨论，但许多人认为，在使用犯罪现场推断犯罪者特征方面，警方外科医生托马斯·邦德（Thomas Bond）博士可能是第一个真正的侧写师。他曾试图在"开膛手杰克"案件（19世纪90年代）中，运用受害者的尸检结果解释嫌疑人的行为模式（Petherick，2005）。

虽然詹姆斯·A. 布鲁塞尔博士的贡献（见上文）在认识犯罪侧写的潜在价值方面也具有重大意义，但由于20世纪60年代的社会动荡，这一领域的追求和努力受到了阻碍。刑事司法作为一个行业，肩负着学习如何在新的社会秩序中有效运作的重担，这源于沃伦法院裁决的最高法院判例（例如，马普诉俄亥俄州、米兰达诉亚利桑那州、特里诉俄亥俄州）和城市中心不断上升的犯罪率。这并不是说20世纪60年代毫无建树，也许唯一值得关注的事件是"波士顿绞杀魔"案。起初，一些不准确和不可靠的侧写不断出现，直到1964年，布鲁塞尔博士才提出了一份可信的侧写。然而，到那时，谋杀已经停止，嫌疑人在狱中被杀，因此布鲁塞尔的工作成效尚未得到证实❶。

直到1970年，美国联邦调查局特工霍华德·泰滕（Howard Teten）在美国联邦调查局学院教授"应用犯罪学"课程，"犯罪侧写"才成为刑事司法领域日常用语的一部分。泰滕的目标是将他在加州大学伯克利分校学习期间开发的分析技术与公认的、经过验证的调查工具相结合。1972年，美国联邦调查局成立了行为分析部门，其主要职能是"为联邦调查局和执法部门开发和提供行为与社会科学方面的培训、研究和咨询项目"（IBP，2002）。

（一）著名的美国联邦调查局侧写师

约翰·道格拉斯（John Douglas）

罗伯特·雷斯勒（Robert Ressler）

罗伊·黑兹伍德（Roy Hazelwood）

罗杰·德普（Roger Depue）

摩根（Morgan，2000）认为，约翰·道格拉斯和他的同事罗伊·黑兹伍德在20世纪80年代解决亚特兰大儿童谋杀案时，十分明确地证明了犯罪侧写的价值。该案中，可怜的黑人儿童在亚特兰大被谋杀。黑兹伍德加入调查时，已有6人死亡；道格拉斯加入调查后不久，死亡人数上升到16

---

❶ 2001年，新的证据表明，被怀疑是"波士顿绞杀魔"的阿尔伯特·德萨尔沃（Albert DeSalvo），提供了虚假的供述，事实上，他并不是嫌疑人。

人。谣言四起，一些人认为"白人至上主义者"应该对此负责。但是黑兹伍德注意到，尽管有3名黑人警察陪同，但在他（作为一名白人男性）出现时，儿童被绑架时所在的街道空无一人。他有种直觉，白人是不会不引人注意地接近孩子们的。

道格拉斯和黑兹伍德构建出了一幅20多岁黑人男子的侧写，他的特征之一是易与儿童产生关联，并通过将受害者留在明显的地点来吸引媒体的注意。通过追踪他的行为模式，侧写师们能够预测下一具尸体可能会在哪里出现——当地的河岸。事实上，在短暂的沉寂之后，一具尸体被抛入河中，韦恩·威廉姆斯（Wayne Williams）在现场附近被拦截。他是一名23岁的黑人，以打造下一部《杰克逊五兄弟》为目的，经常在试镜时和孩子们在一起。尽管威廉姆斯当时没有被捕，但他当晚已被置于监视之下，警方最终收集了足够的证据将其羁押。威廉姆斯符合两位行为科学家的描述。

在威廉姆斯案件的庭审中，这些侧写师的见解再次派上了用场。威廉姆斯作为一个温和的人物出现在法庭上，似乎没有能力进行暴力谋杀。但当威廉姆斯走上被告席时，检方对他进行了低调但毫不留情的审查——这是一种质询方式，是侧写人员建议的，目的是促使威廉姆斯爆发出来，而威廉姆斯也确实爆发了。陪审团突然看到一个愤怒、失控的被告，随即宣判他有罪。

（二）美国联邦调查局行为分析部门

摩根（2000）指出，侧写分析源自美国联邦调查局行为分析部门的努力（由好莱坞电影《沉默的羔羊》普及）。几十年来，执法人员一直试图深入罪犯的内心，不仅要确定是什么使罪犯犯罪，而且要在行为已经发生后确定未知的罪犯。当地方执法机构发现被一个悬而未决的案件难住时，他们会联系美国联邦调查局寻求帮助。这些案件随后被送往行为分析部门，行为分析部门的探员们随后将会去寻找能够证明罪犯身份的证据。

位于弗吉尼亚州匡蒂科的美国联邦调查局行为分析部门是为了分析和

系统地将精神科学的观点应用于犯罪行为（侧写）而成立的。这个精英部门的主要任务是研究连环杀手的行为，并将行为模式（侧写）与罪犯及一般罪犯联系起来。行为分析部门通过分析犯罪现场来寻找线索，从而找到未破凶杀案的嫌疑人。该部门将杀手分为多个类型，在每个类型内一个可疑或预期的结果，常常成为某人的单一或最重要的标识。

行为分析部门的部分职能是在行为科学领域提供尖端的培训、高影响力的研究和咨询，以支持美国联邦调查局完成使命，同时支持更广泛的执法和情报部门的工作。行为分析部门由具有心理学、犯罪学、社会学和冲突解决等行为科学高级学位的特别监理特工和资深警官组成。该部门还包括犯罪学家、临床心理学家、犯罪分析师和管理分析师。一些刑事司法专家表示，这些侧写过于依赖统计分析，甚至可能误导调查人员，导致他们追查错误的类型嫌疑人。

美国联邦调查局侧写师罗伯特·雷斯勒和约翰·E. 道格拉斯是美国联邦调查局行为分析部门的创新者，他们试图通过罪犯的模仿性犯罪行为来识别罪犯。雷斯勒和道格拉斯采访了36名被定罪的连环杀手，并根据这些采访得出了一些趋势和预测。两名侧写师都认为，连环杀手很可能不认识他们的受害者，并有童年创伤史。在这些采访开始进行时，就已经出现了批评的声音（Devery, 2010）。批评者称，这种方法是有缺陷的，基于罪犯证词的任何努力都应该遭到怀疑，因为他们有自恋、反社会和说谎的倾向。不管怎样，美国联邦调查局的侧写活动今天仍然存在，并通过国家暴力犯罪分析中心（the National Center for the Analysis of Violent Crime, NCAVC）进行协调。国家暴力犯罪分析中心成立于1985年，是行为分析部门的扩张。尽管对于行为分析部门在犯罪侧写领域所扮演的具体角色似乎存在争议（目前尚不清楚是否存在压力要求其进行更多的实证研究），但国家暴力犯罪分析中心的角色似乎很明确。

国家暴力犯罪分析中心的主要任务是为联邦、州、地方和国际执法机构在调查不寻常或系列的暴力犯罪、威胁恐吓、恐怖主义及执法部门感兴趣的其他事项时提供相关行为分析的业务支持。

国家暴力犯罪分析中心由四个部门组成：第一行为分析部门（反恐/

威胁评估)、第二行为分析部门（针对成年人的犯罪）、第三行为分析部门（针对儿童的犯罪）和暴力犯罪逮捕部门（the Violent Criminal Apprehension Program，ViCAP）。

国家暴力犯罪分析中心的工作人员从行为、法医学和调查的角度，对犯罪进行详细的分析。这个分析的目的是使执法机构更好地了解罪犯的动机和行为。该分析是一种工具，为调查人员提供关于罪犯行为特征最可能的描述，并就确定罪犯的调查手段提供建议。

国家暴力犯罪分析中心还从执法的角度对暴力犯罪进行研究。其研究旨在深入了解犯罪的思维过程、动机和行为。研究成果被提炼成创新的调查技术，提高执法部门打击暴力犯罪的效率，并通过出版物、报告和培训，与执法部门和其他学科分享。

● 约翰·道格拉斯

美国联邦调查局最早的侧写师之一约翰·道格拉斯曾说过："如果你想了解这位艺术家（罪犯），那么你必须看看他的画作（犯罪现场）"（Douglas and Olshaker，1995）。他和安·伯吉斯等（Burgess，Ressler，and Douglas，1995）确定了侧写过程的七个必要步骤。刑事人格侧写已经被执法部门所采用，它不一定能够确定具体的罪犯，但是能够通过指出罪犯某些独有的特征来缩小调查的范围。侧写分析过程的七个步骤包括以下内容：

（1）对罪犯本人的评价。

（2）对犯罪现场具体情况的综合评价。

（3）对受害者的综合分析。

（4）对基层执法者的考核报告。

（5）评估验尸官的尸检和程序。

（6）对具有严重违法者的特征构建侧写。

（7）在构建侧写基础上的调查建议（FBI，1990）。

● 罗伯特·雷斯勒

罗伯特·雷斯勒被认为是美国联邦调查局第一个研究暴力犯罪罪犯项目的负责人，他毕生致力于识别、定性和抓捕最臭名昭著的连环杀手。作为一名监察特派员，他深入采访了查尔斯·曼森（Charles Manson）、西尔汉（Sirhan）、约翰·韦恩·盖西（John Wayne Gacy）、泰德·邦迪（Ted Bundy）和杰弗里·达莫（Jeffrey Dahmer）等臭名昭著的杀人犯。随后，他在1985年成为美国联邦调查局暴力犯罪逮捕部门的第一位管理者。

● 罗伊·黑兹伍德

罗伊·黑兹伍德在美国联邦调查局行为分析部门工作了22年，其中担任监察员长达16年。他的职业生涯主要关注和分析性侵和侵犯者。他创造了通常用来描述强奸犯的类型学：①权力保证；②权力主张；③愤怒报复；④愤怒激发；⑤机会主义；⑥黑帮。这些分类至今仍很可靠。他还认为恋童癖和性虐待狂是无法恢复正常的，尽管这是一个经常被争论的问题。

● 罗杰·德普

罗杰·德普曾是行为分析部门的负责人，在工作21年后退休。他成为美国联邦调查局国家暴力犯罪分析中心的首任局长，也是专门从事犯罪侧写的学术组织的创始人。他最著名的观点是关于"暴露"的，他认为一个人的幻想，无论是有意识的还是潜意识的，最终会在他的罪行中露出马脚。

| 参考文献 |

Aldred, K. Tracking down a serial killer. *RCMP Gazette*, 69 (1), 2007: 16-20.

Brussel, J. *Casebook of a crime psychiatrist*. New York: Bernard Geis Associates (distributed by Grove Press), 1968.

Burgess, A., R. Ressler, and J. E. Douglas. *Sexual homicides: Patterns and motives*. New York: The Free Press, 1995.

Devery, C. Criminal profiling and criminal investigation. *Journal of Contemporary Criminal Justice*, 26 (4), 2010: 393-409.

Douglas, J. E., and M. Olshaker. *Mind hunter: Inside the FBI's elite serial crime unit*. New York: Pocket Books, 1995.

FBI. *In the criminal investigative analysis: Sexual homicide*. Quantico, VA: National Center for the Analysis of Crime, 1990.

International Business Press (IBP). *US FBI Academy Handbook*, 2002.

Karmen, A. *Crime victims: An introduction to victimology*. New York: Wadsworth Publishing, 2009.

Kirk, P. *Crime investigation: Physical evidence and the police laboratory*. New York: Interscience Publishers, 1953.

Kocsis, R. *Applied criminal psychology: A guide to forensic behavioral science*. Springfield, IL: Charles C. Thomas Publisher, 2009.

McGrary, G. O. *The unknown darkness: Profiling the predators among us*. New York: Harpertorch, 2004.

Monihan, J., and University of Virginia School of Law. *Mental illness and violent crime*. Washington, DC: U.S. Department of Justice, National Institutes of Justice, 1996.

Morgan, M. *Careers in criminology*. Chicago: Lowell House, 2000.

Petherick, W. *Criminal profile into the mind of the killer*. London: Hardie Grant Books, 2005.

Schmalleger, F. *Criminal justice: A brief introduction*, 9th ed. Englewood Cliffs, NJ: Prentice Hall, 2011.

Thornton, J. I., and P. Kirk. *Crime investigation*. New York: John Wiley & Sons, 1974.

Turvey, B. *Criminal profiling: An introduction to behavioral evidence analysis*, 4th ed. London, UK: Academic Press, 2012.

Welch, K., and R. D. Keppel. Historical origin of offender profiling. In R. D. Keppel (Ed.), *Offender Profiling*, 2nd ed. Ohio: Thomson Custom Publishing, 2006.

第二章

理论基础

从来没有绝对的正义，只有人们在不同时间、不同地点，在相互交往中达成的协议，以防止施加或遭受伤害。

——伊壁鸠鲁（Epicurius）

学习目标

- 区分古典（自由意志）和决定论（社会力量）。
- 探索比较社会结构、社会学习与社会进程理论。
- 融合不同的理论和观点，以更全面地解释犯罪。

关键词

返祖现象（Atavism）

原子论（Atomism）

行为心理学（Behavioral psychology）

基本特征（Cardinal traits）

核心特质（Central traits）

确定性（Certainty）

经典条件反射（Classical conditioning）

享乐主义（Hedonism）

享乐主义的权衡（Hedonistic calculus）

罪犯特征（Offender-specific factors）

犯罪特征（Offense-specific factors）

操作性条件反射（Operant conditioning）

神经质（Psychoticism）

严重程度（Severity）

社会契约理论（Social contract theory）

超特征（Supertraits）

快速性（Swiftness）

折中技术（Techniques of neutralization）

气质（Temperament）

过渡区（Transitional zones）

透明度（Transparency）

功利主义（Utilitarianism）

一、引言

传统的关于犯罪侧写的文章主要侧重于执法时的侦查技术，以及利用个人和环境指标对连环犯罪进行分类。在很大程度上，由于理论探索的范围和可能性是指数级压倒性的，因此，很少有文章（如果有的话）全面阐述、分析和考虑可用数据的理论框架。理论解释可以通过单位分析或元分析来探讨。单位分析用于从一个角度描述理论解释的发展；而元分析用于描述多个理论的结合，以试图理解行为。由于犯罪侧写涉及多个不同的输入视角，包括个人指标、硬证据和软证据，以及环境因素，因此，侧写工作必须涉及元分析方法。

本章介绍了古典学派和实证主义学派的传统理论。接下来的章节将把这些知识与现代侦查技术结合起来，使读者有机会根据现有证据建立一个可靠的追溯行为侧写（归纳），同时为那些违法行为开始形成模式时的前瞻性侧写提供指导（演绎）。

理论试图为理解行为提供路线图。由于该学科本身寻求的答案将指导政策的干预和实践，因此，它近年来已成为犯罪学政策的基石。例如，在马汶·沃尔夫冈等（Wolfgang et al., 1972）关于职业罪犯调查结果的背景下，提出的关于青少年犯罪日益减少的理论假设（Wilson and Petersilia, 1995）。在过去的20年里，这些理论已经指导了刑事诉讼——可以说，这导致了对犯罪控制惩罚手段的增加和监狱系统的过度拥挤，以及一个无法轻易解散的惩教产业。

虽然刑事司法作为一个行业，一直依赖其他学科来补充自己的发现，但从犯罪学的角度来切入，又提供了一个独特而有价值的视角。在犯罪侧写的范围内，专业人员必须愿意探索来自多个学科的贡献，由此洞察到某些行为，并支持由此产生的结果假设。除了探索可测量的因素（如同伴参与和化学不平衡）来支持演绎分析，本章试图将演绎的力量与更难以捉摸的归纳推理元素结合起来。在这种考察的背景下，实证主义方法（心理学、社会学、生物学）提供了演绎基础，而以自由意志和威慑概念为基础的古典学派则将这些思想与归纳推理结合起来。只有通过这两种方法的结合，侧写师才有希望对犯罪行为做出准确而科学的假设。

二、历史演变

（一）古代

伊壁鸠鲁（公元前341—公元前270年），一位希腊哲学家，他所讲授的内容是原子论和理性享乐主义之间的联合。作为一个原子唯物主义者，他只相信那些由原子组成的生物或实体；其他任何东西，如良心或神性是不存在的，因为它们没有问题。作为一种信仰，理性享乐主义认为，个人的需要和欲望对于幸福非常重要，而幸福同样至关重要。伊壁鸠鲁宣扬，欲望的节制和友谊的培养是一个人真正幸福的关键。

伊壁鸠鲁撰写了诸多文章，其中的"四十条语录"构建了他的"主要学说"。从本质上讲，这些语录构成了伊壁鸠鲁伦理学的基础，而且主要学说中的第31～35条特别预示了民众与政府之间关于行使职权和处罚的动态关系。在语录第 31 条中，伊壁鸠鲁说："自然正义是互惠互利的保证，它是为了防止一个人受到伤害或被另一个人施加伤害而存在的。"在这里，我们看到"契约"的概念，意味着一个能够给双方带来好处的互惠互利的协议。

尽管伊壁鸠鲁是在文艺复兴之前写下这些文章的，但从语录第 34 条"不公正本身并不是一种罪恶，而只是由于恐惧导致的，恐惧与被指定惩罚这种行为的人发现恐惧有关"可以清楚地看出，他直观地理解，规则（和惩处）对于大型群体和平地生活是必要的。然而，不可漠视的是，有时个人可能选择不遵守规则。那么，社会应如何管理那些因其行为将他人置于危险之中的人？公民最关心的是那些人，因为他们是对安全和有序生存的最大威胁。

语录第 32 条说："那些不能彼此订立有约束力的协议而不造成或不受伤害的动物，既没有正义，也没有不正义。"虽然它没有规定必须有人接受"有约束力的协议"，但它确实表明，一个人若要寻求精神上的平静（Jaskaw, 2009），则需通过将个人需求与他人需求联系起来而实现。

直到贝卡利亚和边沁（Bentham）的著作问世，才将这些概念置于公民和公民之间的相互关系的背景下，并具体应用于司法。实际上，人们认为，公民与政府的关系是"自愿"的，而不是"必须"的；但在社会秩序方面，人们还认为，遵守政府结构将确保个人的安全。

伊壁鸠鲁派在被介绍到拉丁语系世界时，曾有过相对受欢迎的时期，但在很大程度上，该学派最终盛行于罗马帝国，它是对哲学的宗教反映，并为中世纪早期盛行的对哲学、艺术和教育的压制铺平了道路。

（二）中世纪（476—1500 年）

中世纪历经了 1000 余年的时间跨度，分为三个不同的时期：中世纪早期、中世纪和中世纪鼎盛时期。中世纪早期被一些人描述为科学和文化的"黑暗时代"。随着公元 476 年西罗马帝国的灭亡，大多数教育机构停止运作，到中世纪早期，绝大多数人没有受过教育。用来描述这段时间的语言

(《黑暗时代》）强化了"未开化社区"的观念，它缺乏文化，依赖于残忍而折磨人的惩罚形式。描述下一个时代（如文艺复兴、启蒙运动）的语言也支持中世纪没有文化发展的假设。

由于这是一个教会的法律与政府的法律平等的时代——更多的是出于需要而不是设计——因此，教会应该为中世纪知识分子生活中所谓的缺陷承担大部分责任，这是合乎逻辑的。然而，汉南（Hannam，2011）认为，大部分的困惑集中于教会在社会日常管理中的实际作用。在西罗马帝国灭亡后，基督教会是唯一得以幸存下来的中央机构。那些仍在学习并知道如何正确写作的主教在新社会变得更加重要，因此，"在大学里作为学生或教师的特权，意味着在法律下也被当作牧师"，也就是说他们对世俗司法和审判有高度豁免，审判不是在世俗法庭，而是由最温和的教会法庭审判（Hannam，2007）。

虽然教会更喜欢写作和教学，而不是科学发现——尤其是因为它不想让自己的神圣力量受到任何挑战——这可能是正确的，但关于放弃智力生活的指控似乎是毫无根据的。民俗学、艺术、医学、科学、炼金术和数学等学科，在中世纪的1000余年里经历了巨大的进步。这促使一个非常强大的教会形成，然而不幸的是，它并不像致力于政治那样致力于宗教。

中世纪的灭亡是由于几个不同因素的汇合：百年战争、黑死病、天主教会内部的分裂，以及君士坦丁堡被土耳其人攻陷。但是，从中世纪衰落时期兴起的文艺复兴，为现代社会带来了一些最具影响力的哲学家。

（三）文艺复兴时期（14世纪—16、17世纪）

关于文艺复兴的结束时间（16世纪和17世纪），以及这一时期对社会的实际贡献，存在着相当大的争议，但很少有人对文艺复兴是中世纪和启蒙时代之间的宝贵桥梁这一观点提出异议。文艺复兴时期重拾的对科学和艺术的兴趣（和支持），横扫欧洲，为启蒙时代奠定了基础。文学、艺术和知识的结合给启蒙哲学家的成长提供了良好的环境（Manchester，1992）。

1689年，约翰·洛克（John Locke）撰写的《政府论（第二篇）》主张，政府"公正的权力来自于同意（即政府的权力来自于公民的同意），也就是被统治者的授权"。通过这种方式，产生了自愿的要素，政府的作用是防御那些想要"伤害和奴役"公民的人。虽然洛克并没有明确指出，但"辩护人"的角色意味着，人们相信政府是一个公正无私的"执法者"，因此，政府被赋予了惩罚的权利。

（四）启蒙运动时期（18世纪）

古典主义的源泉始于文艺复兴时期的学者，他们提倡功利主义，即鼓励有益、有目的和理性的行为。在这种观点下，法律是以人们愿意遵守的方式制定的。这为社会契约理论的发展做出了贡献。社会契约的概念探讨个人与其政府之间的关系，更具体地说，探讨为什么理性的个人自愿放弃自然自由以获得政治和社会秩序的利益。

在启蒙运动时期，哲学家们不仅试图将科学融入日常语言中，更重要的是，他们还试图让公民自律，这使得凯撒·贝卡利亚和杰里米·边沁等哲学家成为古典主义之父。

三、古典主义

所有的人都有绝对的自由去做或不做；他们自愿地选举，故意地作恶……

——布罗克威（Brockaway，1995）

贝卡利亚侯爵（以下简称贝卡利亚，1738—1794年），认为人们根据自己的自由意志做出决定。影响一个人犯罪的决定因素不是环境和生物因素，而是人类寻求快乐并希望避免痛苦的欲望。他提出，一个人的观点通常基于生活中的三个基本观点：

（1）每个人根据他所拥有的自由意志做出特定的选择。

（2）每个人都以自己的兴趣为出发点，寻求个人的满足感和成就感。

（3）每个人的行为都是可预测的、可预见的、可控制的，因此，人类的行为可以通过惩罚或刑事司法来控制。

贝卡利亚在他的《罪与罚》（Young，1985）一书中阐述了他关于惩罚的观点，这本书本质上是一本论文集，这些文章清楚地阐述了他认为可以有效减少或预防犯罪的原则。这些原则包括确保法律明确而简单（透明度）、个人应确定犯罪的后果（确定性）、惩罚应紧随犯罪之后（快速性），以及惩罚的程度应与行为所造成的伤害（严格性）成比例等。他认为让被统治者遵守每一个核心原则将确保对他们的成功威慑。

贝卡利亚认同社会需要一个刑事司法系统，使政府有权执行法律，并对威胁社会秩序和社会契约的犯罪行为施加惩罚。他广泛地论述了法律必须是公共的、理性的和合乎逻辑的，以鼓励民众理解法律并遵循法律。他坚信法律必须清楚明确且人人皆知❶。事实上，他认为知道和理解法律的人越多，犯罪就会越少。从本质上讲，贝卡利亚的核心立场是惩罚在公众公平感知中的作用。贝卡利亚认为，惩罚应该与犯罪的严重程度相适应，且必须及时以保证效果。他还认为，这应该是理性的，而不是残酷和盲目的。

惩罚的问题是多少钱？多长时间？多严重？这占据了启蒙运动哲学家的大部分时间。最后，虽然贝卡利亚写出了惩罚的可操作性参数的本质，但是把理性主义的要素应用到发展理论中的是边沁。边沁认为，人类参与了一个享乐主义演算的过程，在这个过程中，特定行为的感知愉悦（心理上）与潜在的痛苦（惩罚）是平衡的（Bentham，1907）。

最终的结果是，古典犯罪学派强调一个人选择自己命运的权利。如果一个人有自由的意志，那么他将会自己牟取利益。人们认为，社会和文化是由人们根据大多数人可以接受的相似性和关系塑造的，因此犯罪被视为

---

❶ 康韦（Conway，2000）指出，应公布法律，以便公众了解可接受的行为参数，特别是如果法律的目的是保护和支持所有社区。

自由选择的结果。若一个人会权衡犯罪的潜在利益和潜在成本,并且采取确定的、严厉的和及时的惩罚措施,那么,从理论上讲,在特定的和普遍的威慑基础上,惩罚措施能够成功地防止犯罪。

古典主义在现代的挑战是,对许多罪犯来说,惩罚并不能成功地威慑他们。事实上,在很多情况下,监禁被视为"做生意的成本"。正如炒股的人知道亏损的风险一样,犯罪的人也知道被监禁的风险。不幸的是,犯罪的短期利益大于短期监禁的消极因素。另外,与人们所认为的因逮捕和定罪而受到的社会迫害不同,许多罪犯在街头的地位得到了提升,被其他人视为一个严厉的、曾被监禁的暴徒。

如果要使惩罚成为一种成功的威慑,社会就必须在对具体行为的判罚方面保持一致。古典主义不允许改变对醉酒或精神有障碍的人的惩罚。然而,新古典主义理论则试图通过在决定惩罚时考虑到个体差异来纠正古典主义理论的一些缺陷。

四、新古典主义

新古典主义犯罪学家对原始理论进行了"修正"。他们同意人类拥有自由意志,特别是在犯罪方面,罪犯基于享乐主义的权衡而使他们的行为合理化;然而,他们也承认,有时候,情有可原的环境可能会抑制一个人的自由意志。一个人的自由意志可能会因为胁迫、精神疾病或年龄而受到损害。

一些更现代的理论家认为,犯罪的决定是罪犯基于彼时所掌握的信息做出的个人决定。传统的理性选择理论认为,犯罪行为要么是犯罪的特定因素,要么是罪犯的特定因素,要么两者兼而有之。日常活动理论(Cohen and Felson,1979)认为,当三个独立的要素在时间和空间上汇合时(有动机的罪犯、合适的目标和缺乏有能力的监护人),犯罪就会发生。在日常活动理论的框架下,是否实施犯罪行为的实际决策是具体犯罪因素与具体罪犯因素的结合。情境选择理论(Cornish and Clarke,1987)试图通过对导致犯罪事件的物理、结构和社会环境的仔细分析，对犯罪事件进行更深入的理解。这样，重点就放在了最终导致犯罪事件的特定犯罪因素上。

对这些概念基础的分析适用于犯罪侧写领域，因为了解特定犯罪因素之间的根本差异，意味着考虑到行为的情境因素，即一个人被抓住的可能性，而特定犯罪因素则涉及一个人是否有能力（精神或身体上的）实施该行为，以及这些知识在多大程度上可以用来重建罪犯在做出犯罪决定时的心理推演行为。

古典主义理论的另一种方法是实证决定论，它从本质上认为，一个人的行为是由自己控制之外的力量决定的，而这些力量可以从生物学、心理学和社会学等不同领域的学科中得到解释。下面将对这些问题进行探讨，以便对导致某些行为的原因提供进一步的指导。

五、实证主义

实证主义方法认为，犯罪和罪犯的行为应该被认为是一个人被置于多种条件或因素后可能发生的结果，而他们对这些条件或因素没有控制权。这些情况可能包括影响犯罪决定的社会、心理、环境和生物因素。从传统上讲，研究的重点在于发现变量之间的因果关系，以试图解释犯罪率。从本质上讲，找出犯罪行为的原因是构建适当干预（预防）或治疗（康复）的关键，这将从根本上减少或消除犯罪。

研究人员谴责"人人生而平等"这一经典假设，不相信新古典主义所提出的修正是纠正哲学的固有缺陷的方法。实证主义者认为每个人生来都是不同的（生物学），而这些内在的差异决定了人们如何看待社会现实。接受个体差异所固有的一些核心思想包括：①行为受社会力量控制（如贫困、教育水平低下、邻里关系混乱）；②并非所有人都有平等的学习能力；③所有行为都是后天习得的；④每个人都有独特的学习潜力。实证主义者认为，他们的方法为预防或康复项目的发展提供了最好的机会，从而减少犯罪。

为寻找犯罪的根源，所有这些原因都已经并将继续得到研究。实证主义理论家的研究历来集中在生理、心理和犯罪的社会原因等方面，但最近，理论家们已经开始检查多学科和跨学科的原因（如神经生物学、社会心理学、社会生物学）。

六、决定论

决定论是这样一种哲学，它认为所有人类的选择、行为和事件完全由先前存在的条件决定或调节。根据霍弗（Hoefer，2010）的观点：决定论原则是一种哲学学说，认为大自然遵循确切的规律；因此，所有的事件，无论是生理上的，还是心理上的，都有迹可循。如果他的观点完全被采纳，则意味着，如果对那些看似偶然发生的事件有更多的了解，它们就会被完全理解，而且显然自由的思想和选择在神经科学方面是可以解释的，原则上也是可以预测的。

七、犯罪学理论

犯罪学理论不仅是对犯罪分子行为的解释，也是对警察、律师、检察官、法官、惩教人员、被害人等刑事司法过程中行为人行为的解释。它帮助我们了解犯罪行为，以及犯罪防控政策提出和实施的基础。每一个刑事司法的从业人员都在一定程度上对犯罪学理论的整体建构做出了贡献，但是，近年来人们常常从原始学科的角度对这些理论进行研究（即心理学、社会学、生物学、神经学等）。本书试图通过整合其他学科所取得的有价值的成果，将这些成果结合到犯罪认定和公认的犯罪实践中，从而扩大犯罪学调查的应用范围。

（一）生物学理论

生物学实证主义的基本前提是，犯罪是由某种生物学上的劣根引起的，这种劣根是由某种物理或遗传特性所决定的，并将罪犯与非罪犯区分开来。传统上，生物学理论的政策侧重于隔离、绝育或死刑，但更现代的（和人道的）视角是探索治疗或康复选项，如脑外科、化学（药理学）治疗或改善饮食。

一般来说，很少有关于犯罪行为的研究真正考察罪犯的生物学参数和局限性。研究人员倾向于关注罪犯过去的历史，关注其心理和行为指标，而不是生物因素。琼斯（Jones, 2005）写道："由于先天和后天的争论由来已久，犯罪行为一直是心理学家关注的焦点。"这本质上是在质疑一个人的基因构成是否使其成为罪犯，还是其成长的环境决定了结果？

当前，这一领域的研究结论是，基因和环境都在个体犯罪中发挥作用（Beaver and Walsh, 2010）。研究表明，预测犯罪行为的要素往往是基因和环境之间的相互作用，因为仅仅具有犯罪行为的遗传倾向不足以决定一个人的行为。

1. 遗传学

许多关于双胞胎、家庭、收养的研究及实验室实验都为遗传学提供了证据。学者们已经对双胞胎进行了研究，包括异卵双胞胎（双卵双生，DZ）和同卵双胞胎（单卵双生，MZ），并计算了犯罪活动的一致率❶。在一项历时40年的元分析中，狄拉拉和戈特斯曼（DiLalla and Gottesman, 1990）报告说，就暴力犯罪而言，异卵双胞胎的平均一致率为22%，同卵双胞胎的平均一致率为51%。尽管样本大小、方法、性别和年龄存在差异，但在双胞胎犯罪的研究中，一致率（MZ大于DZ）的这种关系一直被重复（Raine, 1993）。然后，狄拉拉和戈特斯曼（1991）向该领域提出挑

---

❶ 一致率是指双胞胎中有相同行为的比例。

战，认为既然数据表明反社会的父母会将反社会倾向遗传给他们的孩子，那么环境体验中的任何个体差异实际上都可能是遗传倾向的结果。这些发现补充了早期的双胞胎研究，这些研究认为，遗传对财产犯罪的影响（0.60）高于对暴力犯罪的影响（Wilson and Herrnstein，1985），而且青少年犯罪受社会和同龄人关系的影响往往大于遗传因素（Cloninger and Gottesman，1987）。

分析遗传学问题的另一种方法是收养研究，在收养过程中，孩子由非生物学的父母❶抚养长大。梅德尼克（Mednick）等人发现，如果亲生父母是罪犯，领养儿童的犯罪倾向要高于养父母是罪犯或者养父母和亲生父母都是罪犯的。但是，必须指出，这些调查结果涉及的是财产犯罪，而不是暴力犯罪。之后的研究（Cadoret et al.，1985，1987）报告发现，成人反社会行为和反社会人格障碍具有遗传性，但这些研究结果在方法论和样本量上受到了质疑。尽管这些发现并不完全支持遗传在犯罪行为中的作用，但它们确实为全面分析生物决定论在预测未来犯罪行为中的作用增加了一个维度。

2. 生理特征和返祖现象

意大利犯罪学家切萨雷·隆布罗索（Cesar Lombroso），也被称为现代犯罪学之父，他试图通过出生时就存在的、几乎不变的生物特征来识别罪犯。隆布罗索基于自身在生理学和心理学方面的研究积累，宣称罪犯的不道德行为是由他所具有的某些身体特征造成的，尤其是低等灵长类动物或早期人类的特征（返祖现象）。被隆布罗索标记为返祖的一些生理属性或畸形包括：

- 尖尖的手指。
- 相当大的下巴。
- 高颧骨。
- 塌肩或斜肩。

---

❶ 被收养人和养父母之间没有生物学上的关系。

- 前额上的皱纹。
- 宽阔而独特的鼻子。
- 长臂。
- 发际线后退或减少。

那时,隆布罗索被认为走在了时代前沿。但返祖理论最终失去了实证主义者的青睐,不仅因为生物决定论最终消除了个体行为的责任,还因为太多理论太难或太具有侵略性而无法从伦理上进行研究。尽管如此,隆布罗索最初的研究激发了许多人去寻找一个无法控制的因素的灵感,而这个因素迫使罪犯做他们所做的事情。

一位英国科学家查尔斯·戈林(Charles Goring)发现隆布罗索的理论引人入胜,但也有缺陷,因为隆布罗索在寻找因果关系时只研究了囚犯群体。戈林以隆布罗索的观点为基础,试图找出某些体型或特征与已知罪犯之间的关联。戈林证明,罪犯与非罪犯在生理特征和犯罪倾向上没有显著差异。最终他认为,隆布罗索的学说"根本站不住脚",因为他没有一个可以与囚犯样本进行比较的对照组。

在20世纪早期,厄恩斯特·克雷奇默(Ernst Kretschmer)研究了身体特征和心理障碍之间的关系,并利用该研究提出了一种与人格直接相关的身体类型的存在(Gil et al.,2002)。威廉·谢尔登(William Sheldon)在克雷奇默工作的基础上又发展了一个体型分类系统。他修正了他认为的克雷奇默模型的不足之处(研究的年龄段太长),并将样本限制在年龄分别为15岁和21岁的200名男性中。在此基础上,他将个体分为内胚层(软而圆)、中胚层(运动和肌肉)和外胚层(薄而脆弱)。他的发现后来在1950年格吕克斯(Gluecks)关于青少年犯罪的开创性研究中得到了支持。

(二)心理学理论

纵观历史,当社会努力去理解最令人发指的罪行时,往往会得出一个根源于精神缺陷或疾病的解释。大多数对犯罪行为的心理学解释都是根据可以研究或观察到的东西来分类的,通常属于以下子学科:精神分析、行为主义、建模、人格特质理论，以及精神疾病或缺陷。

1. 精神分析

美国精神分析协会（2012）认为，精神分析具有双重身份。一方面，它是一个关于人性、动机、行为、发展和经验的综合理论；另一方面，它是一种治疗心理问题和困难的方法。基于本书的目的，作者将重点放在其作为分析人类个体行为和经验的作用上。

西格蒙德·弗洛伊德（Sigmund Freud）——广为人知的首位精神分析学家，尽管他的观点在该领域的接受程度各不相同，但在洞察人类行为方面，其观点仍然很有价值。弗洛伊德理论中最著名的元素包括以下三点。

本我：基于愉悦原则。本我想要任何当时感觉良好的东西，而不考虑实际情况。

自我：基于现实原则。明白其他人也有需求和欲望，有时的冲动或自私从长远来看是有害的。自我的工作是满足本我的需要，同时考虑到现实情况。

超我：是人类的道德部分，由于其看护人对个体道德和伦理的限制而发展。许多人把超我等同于良知，因为它支配着对与错的信念。

弗洛伊德的理论在20世纪80年代"失宠"，因为有人抱怨它缺乏经验支持，因此，它不应该作为一种理论而存在，而应该作为一种工具。此外，其他学科也在探索行为是如何形成的（生物社会学、生物化学等）。然而，当代理论复兴了弗洛伊德的方法，因为生物学和心理学发现的结合未能为犯罪行为提供一个宏大的理论。更重要的是，最近在大脑化学图谱领域的研究，似乎为弗洛伊德在近80年前提出的成熟发展提供了支持（Schmalleger，2011）。

2. 行为主义

行为主义也被称为行为心理学，该理论认为所有行为都是通过某种形式的条件作用习得的。条件反射通常通过与环境的交互作用发生，主要被视为刺激、奖励（经典）或惩罚（操作性）的产物。人们认为这种观点的好处之一是行为可以被系统地观察到，而不需要侵入性的医疗程序。

3. 经典条件反射

沃森和雷纳（Watson and Rayner, 1920）将经典条件反射理论应用于人类，但是实际上，条件反射的发现是偶然的。20 世纪初，俄罗斯生理学家和心理学家伊万·巴甫洛夫（Ivan Pavlov）发现，自然产生的刺激会产生反应；而当与中性刺激配合时，可以达到同样的结果，从而创造出一种新的行为。例如，在巴甫洛夫的实验中，他用狗（分泌唾液）和铃声（中性刺激）来表现无条件的反应。当他给狗喂食时，就将铃铛按响。这样重复了几次后，他只按响铃铛而不喂食，狗也会增加唾液分泌。

因此，狗认识到了铃声和食物之间的联系，并且学会了一种新的行为。这时，唾液分泌被称为条件反射，而先前的中性刺激（铃声）被称为条件刺激。巴甫洛夫的研究对现代行为研究的影响在于，人们认识到某些行为是有条件的，这意味着这些行为是可以改变的，或者不需要条件就能发生。

4. 操作性条件反射

操作性条件反射（有时也被称为工具性条件反射）是一种通过对特定行为使用奖惩手段进行学习的方法。通过操作性条件反射，一种行为和该行为的结果之间建立了联系，如果这种联系是积极的，就可能引起所期望的行为的重复。

操作性条件反射领域最著名的理论家是伯尔赫斯·弗雷德里克·斯金纳（B. F. Skinner, 1904—1990 年）。他建造了一个盒子（后来被称为斯金纳盒子），在这个盒子里，动物可以操纵一个杠杆，如果操作正确，就会产生食物或水（正强化）。实验结果表明，只要积极的强化发生，受验者将继续做期望的动作（推动杠杆）。然而，如果在推杆时不再分发食物，这种行为就会消失。从理论上讲，对某些行为施加负强化（例如，对不利选择施加电击）似乎可以终止不良行为。然而，巴甫洛夫并不提倡使用负强化，因为他认为负强化对理想行为的效果没有正强化好（Skinner,

1976）。

使用奖惩情境的挑战在于，个体在学习过程中所体验到的快乐和痛苦程度是一种主观感受，也就是说，一个人可能会从中找到快乐，而另一个人可能会从中得到痛苦，这就要求奖惩机制需要一个量身定制的方法来实现预期的结果。

5. 认知心理学

认知心理学是心理学的一个分支，出现于20世纪50年代初，研究人们如何思考、感知、记忆和学习的心理过程。作为认知革命的一部分，它旨在恢复科学在分析人们如何获取、处理和存储信息中的地位。

19世纪的法国社会理论家加布里埃尔·塔尔德（Gabriel Tarde, 1843—1904年）提出，生物因素对行为没有影响，行为习得的主要因素是模仿。他提出了行为习得的三个"定律"：

（1）亲密接触的个体倾向于模仿彼此的行为。

（2）模仿从上到下。

（3）新的行为倾向于加强或取代旧的行为。

塔尔德专注于所有行为，阿尔伯特·班杜拉（Albert Bandura）则通过提出一个攻击性的综合模仿理论，扩展了塔尔德的思想。班杜拉（1973）认为，一个人"所有的侵略性行为技能必须通过学习习得……（因为人）并不是与生俱来具有攻击性的"。他认为与攻击一样，侵略可以被激发；或者也可以自我强化，如为自己抵御未来的攻击（如欺凌）。因为它不能独立于其他社会学习理论来解释学习行为，所以模仿理论的整体影响受到批评。然而，它仍然是认知社会学习理论在现代应用中的一个因素，是对原有理论缺陷的纠正。

6. 人格特质理论

在心理学领域，人格特质理论研究人的个性。人格特质理论学家主要对特质的测量感兴趣，特质被定义为行为、思维和情感的习惯模式。根据这一观点，性格特征随着时间的推移相对稳定，因人而异（例如，有些人外向，而另一些人害羞），并影响行为。人格特质理论的核心组成部分是知觉、智力和人格。推理和逻辑决定了一个人做出决定、处理信息、形成想法、解决问题的心理能力水平，也决定了一个人对周围世界的看法，以及其与世界的互动。

与其他许多人格理论不同，人格特质研究关注的是个体之间的差异。各种特征的组合和相互作用形成了一种独特的个性。人格特质理论的重点是识别和测量这些个体的个性特征。

高尔顿·奥尔波特（Gordon Allport）是研究性格的先驱，他认为性格有时等同于性情。其研究的主要方法是确定个体的特质类型：核心特质是在一定程度上存在于每个人身上的一般特质（如诚实），次要特质是只在特定情况下才会出现的特质（如个人的好恶），而基本特质则是控制和塑造一个人行为的特质。

在定义了个体的特质类型之后，奥尔波特描述了影响个体行为的内部（基因型）力量和外部（表现型）力量的作用。他认为人与这些力量的相互作用产生了行为决定和个人性格特征的发展。奥尔波特是最早区分动机和驱动力的学者之一。他认为，作为对动机的反应而形成的驱动力可能会超过作为理由的动机。因此，驱动力是自主的，是与动机不同的。人们认为偏执和强迫的行为思想是功能自主的表现，在这种表现中，动力本身就变成了目的。许多强迫性的行为和想法被认为是功能自主的表现，其中驱动力本身就是目的。

在奥尔波特工作的基础上，雷蒙德·卡特尔（Raymond Cattel，1921）使用了一种被称为"因子分析"的统计技术来识别密切相关的术语，并将原有的171种性格特征的列表缩减到16种关键的性格特征。他利用这16种特征开发了一种被广泛使用的人格评估方法，即16种人格因素问卷（16PF），其中包括15种喜怒无常的或动态的因素和1种一般智力因素（Cattel，1956）。

汉斯·艾森克（Hans Eysenck，1947）是一位德裔英籍心理学家，他认为性格差异是由基因遗传造成的。因此，他感兴趣的主要是人们通常所说的气质。他认为，人类所有的特征都可以分为两类，这两类特征被称为

"超特征"：

（1）内向性与外向性：内向性是指关注内心的体验（安静和内敛），而外向性则关注外在的人和环境（社会化和开朗）。

（2）神经质与稳定性：神经质是指一个人易变得心烦意乱或情绪化，而稳定性是指保持情绪稳定的倾向。

根据他的理论，每个人对内部和外部刺激都表现出特定的反应。这些特定的反应会随着刺激的强度、情境、精神状态和许多其他因素而变化。然而，在某一时刻，这些反应的变化趋势将会表现出来。例如，一个非常在意别人怎么看他的人，可能会在大多数特定的情况下对陌生人避而远之。

在研究了患有精神疾病的个体后，艾森克（1976）在他的超特质分类中加入了一种被他称为"精神主义"的人格维度。在这一特质上表现突出的个体往往很难面对现实，他们可能是反社会的、敌对的、冷漠的、善于操纵他人的。

大多数人认为，可以根据个性特征来描述人，但在构成个性的基本特征的数量方面，学界仍存在争议。虽然与其他一些人格理论相比，人格特质理论补充了它们所缺乏的客观性（如弗洛伊德的精神分析理论），但它也有不足。对人格特质理论最常见的批评之一，就是人格特质往往不能很好地预测人的行为。虽然一个人可能在某一特定特征评估中得分很高，但他可能并不总是在每种情况下都这样做。另一个问题是，人格特质理论并没有指出个性的个体差异是如何产生的。

有人认为罪犯可能不是好人。通常的做法是给那些表现出强烈反社会行为或缺乏同理心的人贴上精神失常或反社会的标签。尽管公众倾向于认为这两个标签是可互换的，但医疗行业认为精神病患者自身存在缺陷或畸变的个体，而反社会者则是家庭环境破坏的产物。

从医学上讲，精神变态者善于操纵和欺骗他人，缺乏社会良知，一旦被抓，他们几乎毫无悔意。因此，尽管在所有犯罪中只占很小的比例，但这些精神变态者是这种比例很小的暴力罪犯的典型代表，执法部门有必要迅速识别和定位这些罪犯。

（三）社会学理论

社会学理论认为，犯罪是由社会中的结构性因素（限制或阻碍实现社会抱负的机会）或后天习得的行为（通常是由社会互动强加的）造成的。多年来，一些社会理论家对社会如何治理和谁制定法律提出了截然不同的观点，这些观点在本质上为社会冲突理论奠定了基础。

在某种程度上，任何犯罪行为分析都离不开环境，我们将在下面简要探讨早期刑事司法中的社会结构理论，从芝加哥学派开始，到肖和麦凯的同心圆理论，最终到默顿的应变理论，这些理论不仅为当代研究方法提供了指导和理解，也为学者们提供了研究方向。

1. 社会结构理论

19世纪早期，移民人口的突然增加引发了众多变化，使得研究人员将社区作为犯罪决定的重点因素。社会冲突是由于移民的突然涌入而产生的，这些移民不仅不熟悉环境，而且在很大程度上，他们所处的环境也不是一个欢迎他们或开明的环境。此外，下一代人比上一代人更快地"美国化"，而20世纪20年代后出现的贫困、帮派和无家可归导致了新的犯罪行为的发生。针对这一时期的社会动荡，出现了新的研究方法和理论，包括对经济结构、社会结构、社会无组织、紧张和文化异常的关注。

（1）芝加哥学派——社会生态学。这一领域最早的理论家是罗伯特·帕克（Robert Park）和欧尼斯特·伯吉斯（Ernest Burgess），他们两位都是曾在芝加哥大学学习的社会学家。20世纪20年代初，芝加哥的人口翻了一番，这为学者们研究如何通过个人与社会的经济社会关系来解释犯罪提供了一个宝贵的机会。帕克和伯吉斯促进了芝加哥学派的发展，并构建了一个在社会环境中观察研究对象的框架，这使得研究独特的群体和洞察人口特征变得更可行（Park et al., 1925）。最终，芝加哥学派成为社会生态学的同义词，其本质是关注人与环境的互动。

（2）肖和麦凯的同心圆理论。芝加哥学派社会生态学家克利福德·肖

(Clifford Shaw)和亨利·麦凯(Henry McKay)从同心圆的角度研究了青少年犯罪(1942)。他们构建了五个在犯罪率上有稳定而显著差异的同心圆。犯罪率最高的是第一区和第二区,即过渡区。从本质上讲,他们首先将犯罪行为归咎于社会——这与当时流行的犯罪行为是由生物学原因造成的观点相反。肖和麦凯指出,"犯罪活动有与城市过渡区相关的趋势,由于城市过渡区的特点是社会混乱,因此其典型特征是财产价值较低、生活贫困及普遍缺乏隐私",同时指出,"犯罪的传统以语言、角色和态度等同样方式在同一区域代代相传"。

随着他们获得技能和财富,个人将会迁出内城,因此往往会有人口快速流动进入和离开过渡带。当一个人离第一区域越来越远的时候,生活质量随之得到提升,获得的机会也会增多。这项研究对本书的价值在于,它表明犯罪的社区或环境必须考虑到它在从穷人到富人的社会连续统一体中所处的位置,这可能决定了某些行为的接受程度。

(3)紧张理论。紧张理论的基础是埃米尔·杜尔凯姆(Emile Durkheim,1951)的著作和他的社会反常理论。杜尔凯姆认为,当社会从共享价值信仰的社区发展到每个人都因分工而相互依赖的专业化社区时,会发生几次崩溃,最终导致社会管理的失败,其中包括:

1)混乱和规范的侵蚀。

2)危机,当人们意识到他们对社会的期望(财务上的)和社会实际能提供的之间的差异时。

3)社会反常,一种没有行为规范或未知行为规范的社会状况。

罗伯特·K. 默顿(Robert K. Merton)运用杜尔凯姆的理论来适应现代社会,从而从宏观角度审视了"紧张"。他认为,文化定义的目标(如经济成功和物质财富)和社会认可的获取目标的方式(如工作)有时会发生冲突,从而导致社会反常。当人们意识到由于社会分层,他们被剥夺了获得财富的机会时,紧张就产生了。这种"紧张"有时会导致他们寻找其他方法来实现目标,甚至可能是犯罪。因此,紧张理论认为,犯罪是一种适应、解决问题的行为,通常是对个人无法控制的社会条件做出的反应(Merton,1938)。

罗伯特·阿格纽（Robert Agnew，1985）采纳了许多默顿的观点，他采取宏观的方法，将其理论应用于个人（微观）层面，试图解释：①为什么感到紧张的人可能会犯罪；②社会所有阶层都会犯罪，而不仅仅是下层社会。阿格纽的总体观点是，"当人们受到不好的对待时，他们可能会感到沮丧，并从事犯罪活动。"而且，不管阶级水平、同龄人关系和对未来的期望如何，这些因素都是真实存在的。

2. 社会进程理论

社会进程理论描述了这样一个研究领域：它认为犯罪是个体社会化的一个功能。在这一学科中，社会学习理论试图证明犯罪行为是与学习规范、价值观和与犯罪活动相关的行为的产物，学习可以包括学习技术（如汽车的热布线）或心理学（如何使犯罪合理化）。

（1）差异联系。差异联系是埃德温·萨瑟兰（Edwin Sutherland，1939）提出的最早的社会学习理论之一。在这一理论中，萨瑟兰认为犯罪不是个体特征或社会经济地位（Socioeconomic Status，SES）的产物；相反，它是一种学习过程的产物，这种学习过程可以发生在任何一种文化中，尤其是当犯罪行为的好处大于潜在后果时。因此，犯罪是与对犯罪持赞许态度的重要他人互动的副产品。这些关联可能在频率、持续时间、优先级（初次相遇的年龄）和强度（关系的亲密程度）方面有所不同。

尽管萨瑟兰的理论在药物使用或滥用的研究和自我报告的研究中获得了相当大的支持，并且能够解释社会许多层面上的异常行为，但它未能解释以下因素。

1）第一个老师是如何学习的？他或她是什么时候学会教别人的？

2）假设行为是理性和系统的，但如何解释随机的、计划外的行为呢？

3）未能将这些术语完全操作化，会妨碍其他人对理论进行彻底测试。

4）没有考虑到有实证支持的生物学和心理学研究（Vold and Bernard，1986）。

（2）差异强化理论。罗纳德·埃克斯（Ronald Akers）和罗伯特·伯吉斯运用了差异联想的一些元素，并将其与心理学习理论相结合，构建了差异强化理论。根据这一理论，人们通过与同龄人的互动来学习哪些行为是合适的（Burgess and Akers，1966）。

这个理论的好处之一是，它与理性选择很好地结合在一起，因为选择哪些行为是可以接受的能力是后天习得的；与此同时，人们也在学习哪些行为应该避免。

（3）折中主义。戴维·马茨阿（David Matza）和格雷瑟姆·塞克斯（Gresham Sykes）认为，大多数犯罪分子持有传统价值观，但他们拥有一种技术可以使他们折中这些价值观，并在非法和传统行为之间徘徊。大多数人并不是"都是坏的"或"都是好的"，这一理论认为存在"地下价值观"，即带有道德色彩影响的存在，但这种价值观却会受到公众的谴责（例如，观看色情电影）。

为了使他们在传统价值和犯罪价值之间的徘徊合理化，他们开发了"折中技术"来为自己做出犯罪行为的决定进行辩护（Sykes and Matza，1957），包括：

- 拒绝承担责任＝"不是我的错，是他让我做的。"
- 否认损害＝"我没有偷。我借了它。"
- 否认受害者＝"他罪有应得。"或"我没有伤害任何人。"
- 抨击谴责者＝"这是一个自相残杀的世界。"
- 呼吁更高的忠诚＝"必须为集体做这件事。"

虽然对这一理论的研究还没有定论，但它或许可以解释为什么有些罪犯不再犯罪，也可以解释为什么有些罪犯不是惯犯。

这一章让读者明晰了解释犯罪行为的每一种主要理论（经典与决定论）的起源，并介绍了作为侧写师在工作中可能遇到的一些理论。第三章将在此基础上进行扩展，并引入适用于犯罪行为研究的逻辑。

参考文献

Agnew, R. A revised strain theory of delinquency. *Social Forces*, 64, 1985: 151-167.
Allport, F., and G. W. Allport. Personality traits: Their classification and measurement.

Journal of Abnormal and Social Psychology, 16, 1921: 1 – 40.

American Psychoanalytic Association. About Psychoanalysis. http://www.apsa.org/About_psychoanalysis.aspx (accessed May 2012).

Bandura, A. *Aggression: A social learning analysis.* Englewood Cliffs, NJ: Prentice Hall, 1973.

Beaver, K., and A. Walsh. *Biosocial theories of crime.* Oxford: Ashgate Publishers, 2010.

Bentham, J. *An introduction to the principles of morals and legislation.* Oxford: Clarendon Press, 1907. (Reprint of 1823 edition.)

Brockaway, Z. The ideal of a true prison system for a state. *Journal of Correctional Education*, 46 (2), 1995: 68 – 74.

Burgess, R. L., and R. Akers. A differential association-reinforcement theory of criminal behavior. *Social Problems*, 14, 1966: 128 – 147.

Cadoret, R., T. W. O'Gorman, and E. Troughton. Genetic and environmental factors in alcohol abuse. *Journal of Studies on Alcohol*, 48, 1987: 1 – 8.

Cadoret, R., T. W. O'Gorman, E. Troughton, and E. Heywood. Alcoholism and antisocial personality: Interrelationships, genetic and environmental factors. *Archives of General Psychiatry*, 1985: 161 – 167.

Cattell, R. A shortened "basic English" version (Form C) of the 16 PF Questionnaire. *Journal of Social Psychology*, 44, 1956: 257 – 278.

Cloninger, C. R., and I. I. Gottesman. Genetic and environmental factors in antisocial behavior disorders. In *The causes of crime: New biological approaches*, ed. Sarnoff E. Mednick, Terrie E. Moffitt, and Susan A. Stack, 92 – 109. New York: Cambridge University Press, 1987.

Cohen, L., and M. Felson. Social change and crime rate trends: A routine activity approach. *American Sociological Review*, 44, 1979: 588 – 608.

Conway Jr., M. Education and its effects on recidivism. UMASS Amherst doctoral dissertations. 2000. http://scholarworks.umass.edu/dissertations/AAI9978487.

Cornish, D., and R. Clarke. Understanding crime displacement: An application of rational choice theory. *Criminology*, 25, 1987: 933 – 947.

DiLalla, L. F., and I. I. Gottesman. Biological and genetic contributions to violence-Widom's untold tale. *Psychological Bulletin*, 109, 1991: 125 – 129.

DiLalla, L. F., and I. I. Gottesman. Heterogeniety of causes for delinquency and criminality: Lifespan perspectives. *Development and Psychopathology*, 1, 1990: 339 – 349.

Durkheim, E. *Suicide*. New York: The Free Press, 1951.

Eysenck, H. J. *The structure of human personality*. New York: John Wiley & Sons, 1947.

Eysenck, H. J., and S. B. Eysenck. *Psychotism as a dimension of personality*. New York: Crane, Russak and Co., 1976.

Gil, F. P., M. M. Weber, and W. Burgamir. Ernst Kretschmer (1888 – 1964). *American Journal of Psychiatry*, 159, 2002: 1111.

Hannam, J. *The genesis of science: How the Christian Middle Ages launched the scientific revolution*. Washington, DC: Regnery Publishing, 2011.

Hannam, J. "Science and church in the Middle Ages." Medieval Science and Philosophy. http://www.jameshannam.com/medievalscience.htm (accessed April 2012).

Hoefer, C. Causal determinism. Spring 2010. http://plato.stanford.edu/archives/spr2010/entries/determinism-causal/ (accessed January 2012).

Jaskaw. Is there such a thing as absolute justice? August 22, 2009. http://beinghu-man.blogs.fi/2009/08/22/is-there-such-a-thing-as-absolute-justice-6796589/ (accessed December 3, 2011).

Jones, C. M. Genetic and environmental influences on criminal behavior. February 2005. http://www.personalityresearch.org/papers/jones.html (accessed March 2012).

Manchester, W. *A world lit only by fire: The medieval mind and the Rennaisance*. New York: Little, Brown and Co., 1992.

Mednick, S. A., W. F. Gabrielli Jr., and B. Hutchings. Genetic influences in criminal convictions: Evidence from an adoption cohort. *Science*, 224, 1984: 891 – 894.

Merton, R. K. Social structure and anomie. *American Sociological Review*, 3, 1938: 672 – 682.

Park, R., E. Burgess, and R. McKenzie. *The city*. Chicago: University of Chicago Press, 1925.

Raine, A. *The psychopathology of crime*. San Diego: Academic Press, 1993.

Schmalleger, F. *Criminal justice: A brief introduction*. Upper Saddle River, NJ: Prentice Hall, 2011.

Shaw, C., and H. D. McKay. *Juvenile delinquency in urban areas*. Chicago: University of Chicago Press, 1942.

Skinner, B. F. *About behaviorism*. New York: Vintage, 1976.

Sutherland, E. *Principles of criminology*, 3rd ed. Philadelphia: J. B. Lipincott, 1939.

Sykes, G., and D. Matza. Techniques of neutralization: A theory of delinquency. *American Sociological Review*, 22, 1957: 664–670.

Vold, G. B., and T. J. Bernard. *Theoretical criminology*, 3rd ed. New York: Oxford University Press, 1986.

Watson, J. B., and R. Rayner. Conditioned emotional reactions. *Journal of Experimental Psychology*, 3, 1920: 1–14.

Wilson, J. Q., and R. Herrnstein. *Crime and human nature.* New York: The Free Press, 1985.

Wilson, J. Q., and J. Petersilia. *Crime.* New York: ICS Press, 1995.

Wolfgang, M. E., T. Sellin, and R. M. Figlio. *Delinquency of a birth cohort.* Chicago: University of Chicago Press, 1972.

Young, D. *On crimes and punishment.* Indianapolis: Hackett Publishing Company, 1985.

第三章

逻辑推理实务

逻辑：狗不擅长的另一件事。

图 3.1　前提是真理不等于结论正确

注：图中译文为"所有的猫都有四条腿，我有四条腿，所以，我是一只猫。"

学习目标

- 学习逻辑的历史演进和在日常生活中的运用。
- 区分归纳逻辑和演绎逻辑。
- 识别逻辑推理中的谬误。

关键词

论点（Argument）

断言（Assertion）

谬论（Fallacy）

推理（Inference）

希腊语中"逻辑"一词（Logos）
前提（Premise）
推理（Reasoning）

一、逻辑导论

逻辑代表了对推理的批判性研究（Barker，1965）：理论兴趣和实际效用之间的结合。理论部分鼓励创造性的自由思想，而实践部分教人们如何思考。包括分辨错误推理（谬论）的能力，以及从多个角度批判地分析情况的能力。

逻辑的演变历程是一段灿烂的历史，包含了对哲学的讨论、数学的进步和科学探究的诞生。"logic"源于希腊语中的"logos"，最初被译为"to say（说）"，之后被译为"to argue（争论）"。后来，这个词的用法也演变成"理性"和"理性原则"（亚里士多德和柏拉图都曾这样解释），并因此被新兴的科学所采用，以代表对特定思想的证明。虽然逻辑作为道德、哲学、美学、认识论、形而上学等已经被研究了好几个世纪，但是在刑事司法研究领域的真正本质仍然难以捉摸。这主要是因为逻辑是一种反思性的研究，很难在自启蒙运动以来主导科学领域的实验设计或实验室分析中得到应用。

这并不是说人们没有努力去研究推理或推理的过程，但通常这些研究被归类为心理实验（Politzer，2004；Bonnefon and Vautier，2010）而不是推理实验。因为历史上，推理测试假设每个人在处理问题的方式上都是一样的。当代研究正在挑战这一假设，并试图衡量个体的可变性。尽管如此，对逻辑和推理的实验仍然关注于"如果—那么"的线性进展，这些陈述理想地会产生有效（真实）的结论，并假设受试者之间是同质的。

当然，对于许多试图理解甚至量化逻辑的人来说，一个关键的障碍是，尽管对与逻辑相关的术语可能不熟悉，但对它们的意思却相当熟悉。对于那些不熟悉新术语的人来说，这些双关语会引起某种程度上的焦虑，这可能有助于解释为什么那些自称不知道实际单词的人能够轻松快速地掌握正在讨论的概念。

例如，单词"argument"，对大多数人来说，这个单词的意思是口头上的分歧、口头上的反对或辩论。但是在逻辑学中，论证（argument）是指陈述结论，它包含如何得出结论的证明（Barker，1965）。因此，逻辑论证有两个关键组成部分：前提（或证明）和结论。例如，罪犯犯法（前提1），犯法不好（前提2）；因此，罪犯不好（结论）。请注意，这个例子先提出的是前提，但也可以选择先陈述结论，然后倒推出前提（即罪犯是不好的，因为他们违反法律，而违反法律是不好的）。

在这个例子中，作者提出了一个前提来"建立结论的真实性"（Barker，1965）（在数理逻辑中叫作证明）。一般认为读者会接受一个前提为真，因为如果以逻辑形式呈现，一个前提应该建立在前一个前提是真理的基础之上，以此使读者接受（或推断）结论为真。推理是一种得出结论的心理行为，因为读者认为结论是从先前陈述的真实前提中通过逻辑关系得出的；对推理最好的描述，是将其描述为一种批判性分析，在这种分析中，读者在接受结论之前要确定前面每个前提的真实性。

这里有必要指出，并不是每句话都能引起人们的理性思考。如前文所述，论点是对读者的一种邀请，使其思考所陈述的前提，接受它们为真，并推断出与他人相同的结论。像因此、由于、随后这样的词，表明读者正在被要求进行一个逻辑推理的过程；像由于、因为和因此这样的词，通常会指出用来支持结论的前提（Barker，1965）。简而言之，读者保留他们的自主权，因为他们可以选择不同意结论；或者，可以将语句表示为断言，即不提供证明的语句。对于一个未经训练的人来说，断言可能听起来像论证，但在断言中，读者没有自主权——这里读者与作者的结论是一致的。

二、谬论

谬论是推理过程中的逻辑错误，其最终结果是欺骗读者，而真正的目的是使读者相信结论的准确性。谬论通常是因未能在前提中解决必要的因素（如前文所述）而引起的，并且通常意味着不论任何原因，某一个论点都是有问题的，无论这个原因是正式的还是非正式的。

（一）非形式谬论

非形式谬论同时包含形式谬论和内容谬论。非形式谬论代表推理的错误，这些错误不能轻易表达，既可源自演绎推理过程，也可源自归纳推理过程。演绎标准要求演绎效度（即陈述的结论在逻辑上可以从元素中得出），但归纳标准要求归纳强度（从观察中归纳的内容可以得出可能的结论）。当归纳推理和演绎推理的原理发生混淆时，非形式谬论就经常出现。非形式谬论包括以下内容：语言（单词或语法）的误用、对事实或观点的错误陈述、由于潜在的预设而产生的误解，或者仅仅是不合逻辑的思维顺序（Bluedorn，1995）。

（二）不一致性

逻辑在很大程度上与一系列陈述的一致性有关，但一致性不仅由绝对真理决定，而且由真理的可能性决定。因此，当多个语句相互矛盾或不可能同时为真时，通常会识别出不一致性。不过这是微妙的，因为讲话者可能并不总是意识到其陈述的不一致，或者所做的陈述实际上虽然可能是正确的，但并不是唯一可能的结果，结论的真实性因此会受到影响。

（三）预设理由

"Petitio Principii"（拉丁语，"循环论证"），指没有证明任何东西，因为论证认为它应该证明的东西是理所当然的。这也指通过用不同的词语重复相同的陈述来错误地证明某事是真实的（循环推理）。

这个问题的子范畴是一个复杂问题的谬论。问题的框架是这样的：理所当然地认为某事是有争议的，应该得到证实。例如，"你停止抽大麻了吗？"这样的问题会让回答的人处于一种毫无胜算的境地。如果应答者说"是"，那么他就承认曾经吸食过大麻；如果他说"不"，那么他就承认正在吸食大麻。

（四）不合逻辑

"Non Sequitur"（拉丁语，"它不遵循"），是指从真理的前提中得出的结论不一定也是真理的情况。这种谬论可以从图3.1和图3.2中得到证明，图3.1和图3.2中每个表述都是正确的，但结论并不成立。例如，声明毒品犯罪正在增加，因此，对所有犯罪的惩罚性制裁应该更加严厉。读者应该能够断定，虽然毒品犯罪的确在增加，但这一事实不应影响到所有其他犯罪受到惩罚的严重程度。

逻辑：企鹅不擅长的另一件事。

图3.2　前提是真理不等于结论正确

注：图中译文为"企鹅是黑白的，一些早期的电视节目是黑白的，所以，一些企鹅是早期的电视节目。"

（五）歧义

歧义有两种类型，词汇上的和结构上的，它们通常发生在一个词或短语有多个意思的时候。最常见的歧义谬论为词汇错误，如单词"note"可以表示两种意思：

- 音乐的音调。
- 简短的书面记录。

然而，当特定的语言导致对论证逻辑结构的误解时，就会出现结构错误。想一想这个结构上模棱两可的句子："The chicken is ready to eat."。这可以用来描述一只饥饿的鸡或一只烤鸡。关于这个句子意思的混乱反过来导致了错误的解释，并最终导致错误的结论（Kilgore，1968）。

（六）形式谬论

形式谬论只产生于形式上的错误。也就是说，一个论证的结论在客观上可能是正确的（囚犯是罪犯），尽管这个论证在形式上是无效的（所有人都是罪犯）；或者结论可能是客观上错误的（约翰是坏人），尽管这个论点在形式上是有效的（有些人是坏的，约翰是人）。因为形式谬论主要涉及形式，所以它们通常很容易识别。注意，使用的实际术语的变化可能会影响论证的实际真值，但术语的变化不一定会影响论证的有效性或无效性。以下列形式为例：

所有的 a 都是 b，

c 是 a，

所以，c 是 b（其中 a，b，c 可以是任何数）

当 a = 人，b = 罪犯，c = 囚犯：

所有的［人］都是［罪犯］，

［囚犯］是［人］，

因此，［囚犯］就是［罪犯］

与

有些［男人］是［坏人］

［约翰］是［男人］

因此，［约翰］是［坏人］

三、演绎逻辑和归纳逻辑

逻辑一般有两种具体的实现方式：归纳和演绎。归纳依赖于需要被证明的前提，演绎为提出的前提提供一个结论。如图 3.3 所示，归纳推理可以看作一个自上而下的过程，从观察到归纳，最终推动理论的发展；而演绎推理是一个自下而上的过程，它从一个结论开始，然后分析现有的观察结果，以确定事件后的观察结果是否与存在的结论相符。

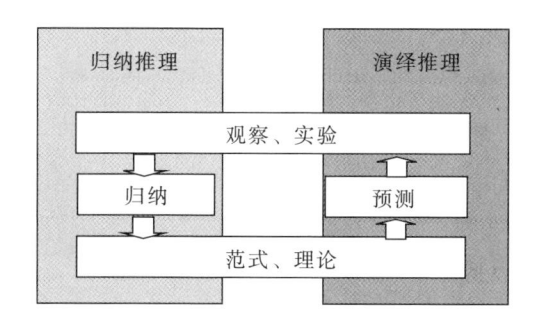

图 3.3　归纳推理和演绎推理

然而，这并不是说归纳推理和演绎推理应该彼此独立存在。事实上，逻辑仍然应该是一个动态的练习，这个练习能够在获得新信息时进行重新评估和审查。在任何情况下都是如此，在犯罪侧写中尤其如此，因为在调查过程中随时都可能出现新的信息。此外，虽然归纳逻辑是一个连续的正在进行的调查过程（见第九章），但它能够而且确实经常成为演绎推理。在审判过程中，检察官必须从一个结论开始（例如，受害者死亡），进而创建一系列的前提，最终使法官或陪审团得出与检察官一样的结论。

对刑事司法领域具有直接意义的逻辑思维是溯因推理，它在本质上解决了解释过程的"第一阶段"。溯因是采用解释假设的过程，这个解释假设包括对原因和意图（动机）的解释重建，以及对理论的创造性构建（解释）(Pierce, 1958)。

刑事司法方面还使用了其他几种逻辑调查方法，包括回顾性和前瞻性推理，以及事前和事后分析。逻辑上衍生的概念是由它们与犯罪的时间关系决定的。因此，前瞻性侧写与刻板印象关系不大，因为一个侧写是在犯罪发生之前建立的，一个人可以根据预先确定的一组特征或行为来适应一个特定的侧写。然而，哈考特（Harcourt，2003）警告，前瞻性侧写可能会产生一种"自我强化"的现象，因此，应该批判性地将其视为一种可使用的执法工具。

事前和事后逻辑的使用也应该谨慎。按照粗略的翻译，"ex ante"意为"事前"，而其反义词为"事后"。这一概念是从经济学中借用的，事前指的是预期的投资回报，事后指的是实际的回报（Myrdal，1939）。由于犯罪定性是用来识别罪犯或预测某一事件的，应用犯罪定性必须属于事后分析方法，因为只有犯罪必须发生才能启动定性分析过程。

然而，这与大众对犯罪侧写的印象相冲突。人们通常认为，有了足够的证据，侧写师就可以"预测"未来的案件或根据罪犯过去的行为"识别"罪犯。这并不一定准确。现实情况是，有了足够的证据，侧写师可以缩小嫌疑人范围，或者创造可能促成逮捕的行为模式，但这两种行为取决于两个关键因素：①一项或多项犯罪已经发生，提供了用于分析的信息；②罪犯企图再次作案，为抓捕提供了机会。

（一）归纳推理

在刑事司法范围内，警察的调查往往是自下而上的，侦查开始就是探索性的事实调查，没有偏见地收集事实和证据（证明、事实等），并将此联合起来重建犯罪行为。在调查中，归纳推理用于对事实进行分类，并识别特定的模式，根据这些模式可以得出结论，这些结论依赖于将特定的观察结果转化为对行为的预测性侧写。

具体到犯罪侧写，执法部门一直认为"一旦发现一个模式，它将揭示犯罪的原因（或行为人）"（Athens，1980）。归纳推理为发现这种模式提供了载体。从本质上讲，这是一个基于一系列观察得出结论的过程，"表现出相似犯罪现场行为的罪犯具有相似的背景特征"（Doan and Snook，

2008：61)。然而，尽管这可能在某些情况下，甚至在大多数情况下都是正确的，但它不应该作为一种规则被接受，因为这种关系还没有被证明。

归纳推理的价值在于它鼓励人们在现实生活中形成关于事物或人的关系的观念，但它并没有说明这些关系的本质。这些观点形成时，读者有义务批判性地审视感知到的关系，以确定是否进行了仔细观察，得出的结论是否准确。事实上，尽管刑事司法研究已经开始填补这一领域的实证空白，但当代对犯罪侧写的攻击仍主要集中在缺乏对当前犯罪侧写实践的实证支持上。

早在2008年，多恩（Doan）和斯努克（Snook）就创造了"同源假设"一词，指的是"犯罪侧写的基本前提，即通过对过去犯罪的研究，可以预测未来类似的犯罪行为"（Kocsis and Palermo，2007：334）。这种同源假设最著名的例子应是美国联邦调查局的有组织无类型学（见第五章）。

(二) 演绎推理

演绎推理结合了对犯罪和罪犯的更广泛的归纳。它考虑了一系列相关的犯罪。它试图打开一扇窗户，进入罪犯的思想，并重建他们的行为。这种推理从犯罪中获取基本的证据和模式。尽管逻辑分析的本质是难以捉摸的，但个人还是倾向于用具体的术语来看待逻辑（例如，从逻辑上讲，如果 A = B，B = C，那么 A 必然等于 C）。这个例子鼓励读者根据几个已知的元素"推导"出一个结论。演绎逻辑的问题在于，如果用于推导结论的任意一个谓词元素是错误的，那么整个推理过程就会处于危险之中。因为每个概念都建立在一个先前被接受的真理之上，而这个真理一旦被认定为不正确，就会产生一个不同的结论。

演绎逻辑的另一个挑战是，它受限于对创造性的否定，因为学者们被已知（或假设）的真理所束缚，而没有探索其他解释的自由。在刑事司法中，检察官经常在案件中使用演绎推理。演绎推理需要一个起点和终点，以便能够展示导致结论的事件的过程。在刑事案件中，结论是众所周知的，起点是假定的；重要的是，陪审团能够根据事件的发展来得出同样的结论。

（三）溯因推理

溯因推理的核心目标是集合一组假设（原因），为数据（效果）提供良好的解释。一般来说，它代表了可以使人们适应他们环境的起点。原则上，对于人们可能观察到的任何行为都有无限可能的解释，但人们倾向于对特定的观察做出单一的解释（或几个解释），以解释事件并消除某些可能性。之所以这样做，是因为行为取决于对环境的解释，因此它可以暗示，在环境发生变化的情况下，溯因推理是以一种连续的方式进行的。

近年来，溯因推理在实践中被归纳逻辑推翻（Popper，2002）。然而，一直以来，溯因推理之父皮尔斯（Pierce，1958）声称，溯因类似于"猜测"，并且在刑事司法领域中有独特的应用，任何侧写工作的最初阶段都类似于猜测（如果不是完全猜测的话）。这些作者认为，归纳推理和溯因推理的区别在于是否有序。人们可能对最近出现的分别处理归纳和溯因问题的努力感兴趣，特别是由于溯因逻辑考虑到许多因素，并有助于应用最佳解释推论（Inference from the Best Explanation，IBE）（见下文）。

此外，这些作者喜欢皮尔斯分析所称的"自然"，他声称"猜测比偶然的运气更能成功地到达真相，或者至少会推进调查"，也许他的解释是："这些猜测是基于本能与自然的和谐，是思维过程和真实过程之间的一种密切联系，这就解释了为什么那些吸引人的'自然'猜测是最经常（或很少）成功的"（Pierce，1958）。他的方法与执法部门对直觉和猜测的坚持依赖是一致的，并且可能为它们提供一种解释，因为它们可能在潜意识中使用了溯因推理。考虑所有可能的解释并选择最佳解释，在动机的构建或行为触发和冲动的识别中起着特别重要的作用。

四、刑事司法逻辑

诺思罗普（Northrop，1971：256）认为任何探究都是从问题开始的，自然科学的问题是事实的问题——容易检验和证明，而社会科学的问题同时代表了事实问题和价值问题。与自然科学相似，事实问题可以被研究和分析，并且可以概括来解释社会科学中的某些现象。然而，由于社会制度在很大程度上是人为的，其结果是不可预测的。用于检验价值问题所依据的直觉的方法必须区别于检验事实问题的方法（即实验设计）。未能认识到这一根本区别，就意味着对个体行为的解释的预测价值有限。在我们看来，正是这些因素限制了犯罪侧写领域在21世纪的发展。虽然已经取得的进展是无可争议的，但是执法部门在没有实证科学支持的情况下对直觉和专业经验坚持进行辩护，使得该领域更容易受到批判（Bailey，1994）。

罪犯是坏人，所以他们必须受到惩罚。

在这个例子中，读者没有机会反驳结论。仔细分析，我们可以确定，断言通常是因果关系的陈述——有些东西是存在的，而有些东西必须遵循。这与另一个常见的误解有关，即事实陈述。人们假设，如果一个人被给予一个事实陈述，那么它一定是真的，进而它成为论点的组成部分。记住，论证必须包含前提和结论，并包含在邀请读者参与推断相同结论的心理活动中。简单地陈述一个事实会剥夺读者参与推理过程的机会，因此，简单地陈述一个事实不能作为一个论点。例如：

如果一个人被判有罪，他将受到惩罚。

当一个陈述既有前提又有结论时，一个论证就存在，读者能够根据提出的前提推断出相同的结论。结论为真需要前提满足三个条件：①所有的前提都能为真；②无论结论的真实性如何，各方都能接受前提为真；③结论遵循前提是真理（Barker，1965：175）。

参考文献

Bailey, D. *Police for the future*. New York: Oxford University Press, 1994.

Barker, S. *Elements of logic*. New York: McGraw Hill Publisher, 1965.

Bonnefon, J., and S. Vautier. Modern psychometrics for the experimental psychology of reasoning. *Acta Psychologica Sinica*, 42, 2010: 99–110.

Bluedorn, H. Formal and informal fallacies. http://www.triviumpursuit.com/articles (accessed March 17, 2013).

Doan, B., and B. Snook. A failure to find empirical support for the homology assumption in criminal profiling. *Police Criminal Psychology*, 23, 2008: 61–70.

Harcourt, B. E. The shaping of chance: Actuarial models and criminal profiling at the turn of the twenty-first century. *University of Chicago Law Review*, 70, 2003: 105–128.

Kilgore, W. J. *An introductory logic*. Geneva, IL: Holt, Rinehart, and Winston, 1968. http://attitdueadjustment.tripod.com/books/logic.htm (accessed February 2, 2012).

Kocsis, R. *Criminal profiling: International theory, research, and practice*. Totowa, NJ: Humana Press, 2007.

Myrdal, G. *Monetary equilibrium*. London: W. Hodge Publishers, 1939.

Northrop, F. S. C. *Logic of the sciences and the humanities*. New York: World Publishing Co., 1971.

Palermo, G. B., and R. N. Kocsis. *Offender profiling: An introduction to the sociopsychological analysis of violent crime*. Springfield, IL: Charles C. Thomas Publishing, 2005.

Pierce, C. S. A letter to Paul Carus, 1910. In *Collected papers*, ed. Charles Hartshorne and Paul Wiel. Boston: Harvard University Press, 1958.

Politzer, G. Some precursors of current theories of syllogistic reasoning. In *Psychology of reasoning: Theoretical and historical perspectives*, ed. K. Manktelow and M. Chung, 213–240. New York: Psychology Press, 2004.

Popper, K. *Conjectures and refutations: The growth of scientific knowledge*. London: Routledge, 2002.

Turvey, B. *Criminal profiling: An introduction to behavioral evidence analysis*, 4th ed. Oxford: Academic Press, 2012.

第四章

童年警示信号

对孩子来说，最危险的事情之一就是杀死或虐待动物，然后侥幸逃脱。

——玛格丽特·米德（Margaret Mead）

学习目标

- 了解社会与儿童关系的历史演变。
- 在解释儿童越轨行为的背景下，探索各个学科（生物学、心理学和社会学）对此的观点。
- 在探索解释犯罪行为历史的基础上，考察现有的和当前的研究。
- 将现有知识应用于理解新出现的犯罪行为的动机和特征。

关键词

全面霸凌（All-around bully）

犯罪轨迹（Crime trajectory）

网络霸凌（Cyberbullying）

毕业假设（Graduation hypothesis）

生命历程的轨迹（Life course trajectory）

国家监护权（Parens patriae）

纯粹霸凌（Pure cyberbully）

风险因素（Risk factor）

地位冒犯（Status offending）

代理（Surrogate）

生存模式（Survival mode）

创伤应激（Trauma-related hypersensitivity）

一、引言

从历史上看，在法庭保护儿童免受伤害方面，儿童享受的权利很少。从法律的角度来说，支持不干涉家庭事务的理念来自子嗣或动产的概念（子女是父母的动产），以及宗教赋予（孝敬父母）和社会习俗（不打不成器）。这些力量的汇合使人们容忍甚至鼓励在抚养儿童时使用体罚。事实上，只要体罚没有造成永久性伤害或死亡的风险，父母就可以以强制纪律（Karmen，2010）的名义殴打自己的孩子。

然而，早在19世纪，就有人担心允许儿童被打可能会导致犯罪的社会问题，而这个问题会使刑事司法系统的资源超负荷。直到20世纪初，人们才意识到儿童的"纪律"与犯罪行为之间存在关联，于是就有了专门的项目和研究，旨在打断这种认知循环，证明二者之间的因果关系。然而，迄今为止，因果关系本身的问题尚未确定。充其量，这些研究只是证实了儿童时期的过度惩罚和后来的越轨行为之间存在高度的相关性，但这种相关性的组成部分仍然是一个谜。本章探讨了美国社会与儿童关系的历史，以及当前从心理学、社会学、生物学及青少年犯罪的角度对童年经历进行的研究，并探讨了当今青少年面临的现代问题，如霸凌和同龄人关系。

二、历史因素

对儿童文化关系的历史分析表明，儿童在未来社会中所起的作用一直在下降。在清教徒式的殖民地美国，极端的纪律成为家庭的特征，父母被赋予广泛的自由来惩罚他们的孩子，甚至将孩子惩罚致死。根据人类学家莱拉·威廉姆森（Laila Williamson，1978）的报告："杀婴行为在每个大陆都有发生，在文化复杂性的各个层面上都有发生，从猎人和采集者到高等文明，包括我们自己的祖先。因此，杀婴并不是一个例外，而是一种惯例。"她的研究主要集中在杀害幼儿的两个原因：贫困和人口控制。当然，并不是所有的虐待儿童和管教努力都以孩子的死亡而告终，重要的是要注意到，即使他们这样做了，在历史的大部分时间里，这样的结果虽然可能不是完全可以被接受的，但在很大程度上是可以被理解的。

另外，值得注意的是，严厉的儿童管教（甚至致儿童死亡）与贫困之间关系的历史和现状。正如威廉姆森（1978）所指出的那样，穷人的孩子是"迄今为止，父母疏忽和失去信心后最常见的受害者"。即使在今天，杀婴行为在极度贫困地区仍然很常见。早在中世纪，贫困就与暴力行为联系在一起，而且往往不仅表现在养育不足上，还表现在对环境的识别上。

总之，没有政府干预的家庭自治是美国发展的目标。政府干预儿童生活的情况非常罕见（Walker，1655；Morison，1675；Styles，1678），或涉及穷人时才会发生。事实上，1646年颁布的《马萨诸塞州顽劣儿童法》甚至允许父母将自己的孩子归类为顽劣，并寻求国家的制裁，包括死刑（Shurtleff，1854）。这导致了美国殖民地的大多数儿童没有受到避免被虐待和被漠视的保护（Bremner，1970）。

（一）儿童庇护所运动

在19世纪早期，预防贫困协会认为，贫穷即使不是儿童犯罪的全部原因，也是儿童犯罪的重要原因之一（Ventrell，1998）。他们对美国监狱进行了广泛的调查，批评了对待囚犯的"报复精神"，同时谴责"不分年龄和犯罪严重程度"关押罪犯的做法。这种做法通常意味着被判犯有轻罪的儿童会被关在成年罪犯的监牢中。

由于该报告的发布及对被监禁儿童命运的日益关注，纽约建立了第一个收容所,为流浪或因犯罪而被定罪的青少年(儿童)提供庇护。从本质上说,它成为美国第一个少年管教所——尽管定罪不是条件。一般来说,儿童庇护所运动试图拯救的是"可拯救的"或被漠视的贫困儿童。因此,将这场运动当作社会第一次努力打破暴力循环的行动未必是错误的;但是,认为庇护所是未成年人的安全港是不正确的,因为他们仍然同成年人住在一起。事实上,以现代的标准来看,许多监室的条件都很恶劣,涉及单独监禁和经常被殴打的情况(Fox,1970)。

尽管未能保护受虐待和被漠视的儿童,儿童庇护所运动迅速蔓延(Watkins,1998),到1860年,美国各地有16个庇护所。由于少年犯的不断增多,少年犯收容所的失败导致了一种方式的转变,即从政府的不干涉转变为通过出现教养院而直接剥夺父母的权利。"教养院"在许多方面与"收容所"不同,它是一种进步的机构,通过公民道德的训练,青少年将由他们的代理父母进行改造(Watkins,1998)。

在这种情况下,代理父母是国家。国家通过英国的国家监护权❶对父母管理子女进行合理干预。从本质上讲,改革家们认为,不管儿童是受害者还是罪犯,国家都有权无须经过正当的法律程序获得他们的监护权,因为国家有权利和有义务拯救儿童免于犯罪。本书第二章讨论了社会契约理论,它可以解释在推翻法院和政府的立场时所用的语言:义务、权利和拯救。简单地说,为了维护社会秩序,政府认为有义务惩罚那些为了改变未来行为或阻止未来行为而违反法律的人。

国家监护权成为一种新的制度,通过将儿童迁移安置到教养院,来"拯救"不断扩大的贫困城市人口中的儿童。法院之所以授权破坏亲子法律关系并随后侵犯儿童的自由,仅仅是因为在国家看来,儿童没有得到适当的照顾。干预的重点是那些对处境不满的街头贫困儿童,偶尔关注被漠视的儿童,对于受虐儿童的干预也很少见(如果有的话)(Ventrell,1998)。

---

❶ 表示"最终父母"或"国家父母"。

(二) 儿童拯救运动

当各国政府和有关方面正在努力确定它们在预防和治疗青少年犯罪方面的作用时，其他人正在研究儿童虐待对未来行为的长期影响。1860年，安布罗斯·塔尔迪厄（Ambrose Tardieu，一位法国医生）研究了32名他认为死于慢性虐待的儿童。他的发现描述了一种与儿童虐待受害者相一致的综合征（包括医学、精神病学和社会状况）。然而，他的发现先于放射图像的产生，因此，缺乏"可视化"的证据来证明他的主张。这导致他的发现在很大程度上被漠视❶。直到大约100年后❷，C. 亨利·肯普（C. Henry Kempe）博士和他的同事们发表了一篇名为《受虐儿童综合征》的决定性论文。这篇论文在增强意识和揭露虐待现实方面，起到了重要作用，它为医生提供了一个了解和解决虐待及被漠视儿童问题的方法。

19世纪中期，一个由妇女俱乐部成员、慈善家和城市专业人士组成的，旨在保护和造福儿童的联盟逐渐形成并活跃起来。这就是"儿童拯救运动"，但它也未能在个人安全方面改善儿童的日常生活现实（Platt，1977）。这一特殊的运动在许多方面与之前的运动不同，因为它被认为是一个慈善组织活动。此外，该运动存在相当多的历史争论（Platt，1977），诸如，这些改革者是否受到了帮助贫困儿童的善意冲动（历史上的阶级观念）或控制涌入城市的新移民群体的欲望（社会控制要求新的工业秩序）的影响。不管动机如何，他们的努力取得了一些重大进展，如规范使用童工、教育诉求、娱乐设施、建立少年法庭、改善公共卫生条件和降低婴儿死亡率。

---

❶ 因为该综合征本身经常不被识别，或者被诊断出之后，由于不愿将该病例提请有关部门注意，而导致医生不能进行充分处理（Kempe et al.，1962）。
❷ 20世纪60年代，儿科放射科医生开始关注虐待儿童问题，从而开始了对虐待儿童的重新研究，他们把注意力集中在"儿童时期被打过的父母实施的过度体罚"上。他们的职业为此提供了便利：视觉证据（通过X光提供），与父母接触，并渴望在医学界获得更大的认可（Karmen，2010）。参见克雷曼（Kleinman，1989）的相关研究。

三、理论

鉴于儿童在社会中的作用被贬低，为了保持将古典学派和实证主义学派的理论方法与现代调查技术相结合的既定主题，下面将探索青少年犯罪的现代解释和犯罪侧写的含义。

由于传统的方法严重依赖于这样一个概念，即个人对自己的行为做出决定，因此惩罚错误的选择是可以被社会接受的。这种方法在刑事司法史上占主导地位，反映了目前在成人和青少年管教方面的做法。尽管在威慑的基础上对错误选择的惩罚继续升级，但在实现目标方面几乎没有改进。这导致一些人认为监禁和定罪只是一个社会阶层用来控制另一个社会阶层的工具。

实证主义方法认为，一个人的行为是由他无法控制的力量所决定的，这些力量可能来自生物学、心理学和社会学等方面。每个学科的观点如下所示：

- 生物学派，本质上认为个体"性本恶"，并对"麦克唐纳三要素"在现代应用方面的实证支持进行讨论。
- 心理学派，该学派认为，从本质上讲，个人受到某种支配行为的"疾病或缺陷"的困扰；探讨暴力循环作为未来暴力的决定因素的实证支持。
- 社会学派，该学派探讨了同龄人关系在越轨行为演变中的作用，包括霸凌行为（传统霸凌和网络霸凌）对 21 世纪青年的影响。

20 世纪 60 年代是美国社会发生巨变的时期。这一时期的社会科技革命是激动人心的、革命性的，也是充满动荡的，出现了许多现象和大事件：暗杀、经久不衰的时尚元素、新的音乐风格、公民权利、妇女解放、"越战"、人类首次登月、和平游行、世界博览会、爱情与和平的权利、伟大的电视和电影、性自由。然而，20 世纪 60 年代的混乱和动荡并没有受到 50 年代较为保守和富裕的公民的欢迎。美国公众要求政府采取具体行动，控制弥漫在美国社会中的腐朽道德和猖獗混乱。

为了应对不断升级的犯罪和暴力，美国政府在20世纪60年代资助了许多研究工作，目的是找出出现异常行为的原因。而实证主义学派（如芝加哥学派、"麦克唐纳三要素"）提出了大量新理论和可能的解释。

1. "麦克唐纳三要素"

在20世纪60年代早期，约翰·麦克唐纳（John MacDonald，1963）考查了100个精神病转诊病例，并发展出了"麦克唐纳三要素"，即"反社会三要素"。他确定了三个单独的因素，并声称如果存在这三个因素，就预示着未来的暴力：①遗尿（尿床）；②虐待动物；③纵火。然而，近年来，由于所采用的方法和缺乏实证支持，这一方法的适用性受到审视。本书将在第七章进行更详细的探讨。

2. 早期预警行为的现代探索

2007年，康纳（Connor）提出了一个新的观点：将长期以来的信念和现代研究结合起来，预测未来儿童的暴力行为。他建议从应该引起关注的三个层次来看待早期发现的问题：早期预警信号、一般预警信号和即时风险或危险。该观点的价值在于它允许将根深蒂固的观点（如"麦克唐纳三要素"）与更现代的研究发现（如同龄人关系和个性发展）相结合。这一观点有效且高效地穿越时间，并为识别风险行为提供了路径。

（1）早期预警信号。康纳（2007）在第一层行为中使用了"麦克唐纳三要素"。这项研究并没有完全抛弃麦克唐纳的发现，而是吸纳了长期以来的研究成果。有些人可能会说，这些研究还没有被实证所否定。该理论允许孩子长大后不再具有这些特征（尿床、虐待动物和纵火），因为最近的综合分析表明，这些行为中有一些是与年龄相适应的，因而不会被贴上负面的标签。实际上，通过按层次构建分析，每个层次都建立在另一个层次之上，康纳认为这些早期预警行为只是未来行为分析的一个起点，而不是终点。

（2）一般预警信号。对于第二层的分析，康纳（2007）提出了一个行为列表，除了早期的警示信号，如果考虑到这些行为，可能意味着未来更有可能（而不是结论）越轨。

这些行为包括：

1）离群索居，被遗弃，孤僻。

2）感情和行为很容易受到同龄人的影响。

3）受到同龄人的伤害或虐待。

4）滥用酒精或其他药物。

5）陷于被拒绝、不公正或不切实际的恐惧的经历。

6）对失望、批评或嘲笑做出极度强烈的愤怒、责备或报复。

7）愤怒、攻击性和破坏性行为有所增加。

8）与有病态、破坏性、暴力行为或幻想的儿童有联系。

9）对破坏性或暴力行为有所关注或感兴趣。

10）对武器或潜在武器迷恋、感兴趣甚至痴迷。

11）在艺术或其他创造性表达中描绘暴力或破坏性行为。

重要的是，要注意同龄人和认同在这个层次中所扮演的角色。在11个确定的警示信号中，有三分之一与人际关系或与同龄人的感知有关（这将在下文进行进一步讨论）。

（3）即时风险或危险。最后一层表示需要立即干预的行为，因为这些行为的存在意味着对自己或他人造成直接伤害的风险。在考虑之前几个层级的情况下，应采取适当的干预行动，从而制止暴力行为的演变。

- 最近袭击了另一个孩子或最近被袭击。
- 在不适宜的地点或情形下携带武器。
- 拥有或可能拥有具有潜在致命性的武器。
- 表现出破坏性、暴力或威胁性的行为或言论。
- 有破坏性、暴力或自杀行为的计划。
- 谈论或暗示自杀的可能。
- 可能已经确定了破坏性行为或暴力的目标。

四、心理因素

暴力循环假说指的是几代人之间暴力行为模式的重复。例如，儿童时期受虐待的人在成年后更有可能虐待他人（Widom，1989）。事实上，许多研究人员都认为，受害和创伤暴露可能在暴力的发展和延续中起着中心作用；然而，对于造成此种情况的原因，他们却意见不一。通常，这种关系是通过横向和纵向研究来探究的（Widom and Maxfield，2001）。格林沃尔德（Greenwald，2002）试图从一个单一的、创伤性事件的角度来解释这一现象，它侵犯了受害者的个人安全感，因此，受害者被迫采用"生存模式"。在这种状态下，潜在的威胁、轻微的甚至中性的刺激都会被误解为威胁，从而导致与创伤相关的应激反应❶。

霍泽等人（Hosser et al.，2007）批评了现有的研究，因为这些研究没有考虑到儿童虐待和青少年时期（再）受害对成年后早期暴力行为的累积影响。他们猜测，除了儿童在早期受到虐待与长大后侵犯他人有关，在青春期重复受害会导致暴力犯罪的风险增加，经历了儿童时期被虐待，又在青春期重复受害的人，其暴力犯罪的风险最高。虽然他们的发现确实证实了父母虐待和后期犯罪行为之间存在高度的相关性，但他们并没有发现一生中受害经历的累积效应会增加一个人暴力犯罪的概率。

早期虐待与后期暴力犯罪的相关关系较弱。世界卫生组织报告称，相比成为成人罪犯，儿童虐待的受害者更有可能成为受害者，只有六分之一的受虐待儿童会成为暴力罪犯（Widom，1989），八分之一的受性虐待的男孩会成为性罪犯（Salter，2003）。弗格森和林斯基（Ferguson and Lynskey，1997）也认为这种关系是脆弱的，他们声称，虽然那些在儿童时期受到严

---

❶ 与创伤相关的应激反应会产生"对社会信号的误解、高度的觉醒和愤怒，以及在自我保护中的不当攻击"（Greenwald，2002：112）。虽然表现出来的行为可以立即缓解这些感受（愤怒可能会掩盖恐惧和无助的感觉），但这种行为的后果会进一步加深警觉和不信任，从而增强反应性和攻击性。

苛遭遇或虐待的人是高危人群，但任何越轨行为风险的升高都源于严酷或充满虐待的社会环境，而这种社会环境若与受到暴力的环境相结合，则将进一步增加出现暴力行为的可能性。

五、社会决定因素

（一）同龄人关系

人们普遍认为，在青少年时期，同龄人是一股强大的力量。这些群体提供了一个重要的发展参考点，青少年通过这个参考点了解家庭以外的世界。在儿童时期未能建立起亲密关系，会给青少年带来各种各样的问题——从犯罪、药物滥用到心理障碍（Hops and Davis, 1997）。但犯罪本身并不等同于暴力犯罪。为什么研究还在继续追求这样的观点：不适应同龄人会导致未来的暴力行为？原因很简单，即研究一直指向那个方向——也许不是直接的原因，但肯定是相关的。

麦考德等人（McCord et al., 2001: 80）指出："同龄人的不良行为、同龄人对不良行为的认可、对同龄人的依恋或忠诚、与同龄人相处的时间，以及同龄人对越轨行为的压力等因素，都与青少年的反社会行为有关。"然而，所有的研究结果都不清楚的是：同龄人之间、发病年龄和犯罪水平之间的确切关系。这同样适用于以下事实：究竟是同龄人犯罪（作为社区或环境的一种功能）还是越轨行为（作为社交的一种功能）导致他们寻找志趣相投的个体，这一点尚不清楚。

一般的刑事司法领域，特别是青少年司法领域，借鉴了其他学科的方法和做法，以协助建立一个"风险概况"，从而建立一个危险因素预警的范例。表4.1展示了按领域确定的风险和保护因素，其中"领域"代表受试者的人口特征。

表 4.1　按领域划分的风险和保护因素

领域	风险因素 早发（6~11岁）	风险因素 晚发（12~14岁）	保护因素①
个人	一般罪行 药品滥用 男性 侵略② 多动 问题（反社会）行为 沉迷电视暴力 医疗、身体问题 低智商 反社会的态度或信念 不诚实②	一般罪行 躁动不安 难以集中注意力 冒险 侵略 男性 身体暴力 反社会的态度或信念 危害人身安全 问题（反社会）行为 低智商 物质使用	对异常行为不能容忍的态度 高智商 女性 积极的社会取向 对违法行为的制裁
家庭	社会经济地位低、贫穷 反社会父母 亲子关系差 严厉的、松懈的或不一致的纪律 破碎的家庭 与父母分离 虐待型父母 漠视 其他条件	亲子关系差 严厉的或松懈的纪律 监测、监督不力 父母参与度低 反社会父母 破碎的家庭 社会经济地位低、贫困 虐待型父母 家庭冲突	与父母或其他成年人保持温暖、相互支持的关系 父母对同龄人的积极评价 父母的监督
学校	态度差，表现差	态度差，表现差 学业失败	对学校的承诺 认可、参与常规活动
同龄人	社会关系薄弱 反社会同龄人	社会关系薄弱 反社会同龄人 帮派成员	做出常规行为的朋友
社区		邻里犯罪，涉及毒品 社区无序	

资料来源：改编自美国卫生部长办公室公布的资料（2001）。

①开始的年龄不详。

②仅限男性。

风险因素预防范式是一个很好的概念，但其应用却面临着巨大的挑战，最突出的是：①风险因素一词使用不一致；②在操作上，它没有连接到基础理论结构（Farrington，2000）；③多数研究未能明确指出哪些因素（风险或保护）比其他因素更强。没有对关键因素的明确界定，就很难确定在实施适当的政策时应关注哪些因素，是恢复性的还是惩罚性的。尽管如此，表4.1清楚地指出了现有研究中关于同龄人关系和侵犯行为的一些主要主题。

无论是个人研究（Huesmann et al.，1984）还是官方报告（McCord，1983），都一致明确，早期的与同龄人相关的攻击行为（主要是男性）与成人暴力行为高度相关。

（二）霸凌与网络霸凌

霸凌，也被称为同龄人受害，绝不能被轻视或高估。一些老师、校长和家长似乎认为霸凌是理所当然的，认为这是"成长的一部分"。霸凌行为包括学生被一个或多个学生辱骂、情感恐吓或身体威胁。这些行为是针对某个个体的反复骚扰行为。许多人认为这是被更强的孩子"找碴儿"，或是较弱的孩子的烦扰。舒曼（Schumann，2009）指出，几乎一半（49%）的公立学校校长曾报告，欺负、辱骂或骚扰学生是其学校的一个严重问题。调查显示，多达一半的孩子在上学期间受到过霸凌，至少有十分之一的孩子经常受到霸凌。研究表明，被同龄人虐待的青少年存在心理健康问题，如自卑、压力大、抑郁、焦虑，自杀的风险也更大。

1. 霸凌者的身体虐待

有些霸凌者通过推搡、绊倒、拳击、踢打、偷窃、藏匿或毁坏别人的东西、性侵犯、强迫他人做不想做的事情或者威胁，来攻击他们的目标。

2. 霸凌者的心理控制

霸凌者所表现出的心理控制也会对受害者产生深远的影响。在受欢迎的团体或小团体中，他们经常通过排斥、非议（心理霸凌）、沉默对待、说谎或散布谣言，或强迫他人做不想做的事情等方式，霸凌他们认为与众不同的其他孩子。

3. 言语霸凌

另一种霸凌行为是言语霸凌，即通过辱骂、侮辱、取笑受害者，或戏弄嘲弄受害者进行霸凌。霸凌者会用言语上的侮辱来获得凌驾于受害者之上的权力和地位。

霸凌最令人痛苦的是，儿童会被冷漠无情地对待。大多数儿童都能忍受一段时间的取笑或辱骂，但如果这种情况持续下去，霸凌就会让儿童持续处于恐惧中。大量研究表明，受欺负的儿童可能会变得抑郁或孤僻，甚至在某些情况下，通过自杀来结束他们的痛苦（Roland，2002；Kim and Leventhal，2008），但也有其他研究表明，儿童在小学的抑郁症状先于后来的社会受害和孤立存在（Szalavitz，2012）。无论抑郁症是欺负的结果还是欺负的目标，个人和社会已对其影响感受颇深，并将这一问题上升为国家关注的问题之一。

4. 网络霸凌

美国国立卫生研究院的一项新研究发现，网络霸凌的受害者比传统校园霸凌的受害者更容易患上抑郁症。网络霸凌是指未成年人在互联网上，通过即时消息、电子邮件、网站、日记网站、在线档案、互动游戏、手持设备、手机、游戏设备、数码相机或视频、网络摄像头或任何互动设备发布或发送的旨在恐吓、骚扰、使人陷入窘境、伤害、诬陷、给人造成损失、勒索或以其他方式针对另一未成年人的任何网络通信或出版物。网络霸凌会导致情绪虐待，从而系统性地降低受害者的自我价值，这与传统的霸凌方式基本相同，但网络空间可能还包括发布侮辱性图片，使用电子媒体以无情的方式故意让受害者难堪，并向无数读者和观众传播。尽管执法者试图了解罪犯的动机和特征，但对网络霸凌者的定性却没有得到特别关注。为了将这种犯罪归类为网络霸凌，参与双方都必须有未成年人，或者至少必须是由一个未成年人唆使另一个未成年人完成。成年人的介入或参与会改变犯罪的性质。

根据伊利诺伊州司法部长办公室的丽萨·麦迪逊（Lisa Madison, 2012）的说法，网络霸凌这种现象相对较新。计算机和社交技术的共通之处在于，它们使一个人受到霸凌的时间和空间得到延伸，使受害者回家后依旧遭受霸凌。伊利诺伊州司法部的网站公布了此类网络霸凌：

- 58%的孩子没有告诉他们的父母或其他成年人，有人对他们说了刻薄或伤人的话。
- 42%的儿童曾经遭受网络霸凌。
- 25%的孩子不止一次遭受网络霸凌。
- 58%的孩子认为有人在网上对他们说过刻薄或伤人的话，其中40%的孩子说这种事情不止发生过一次。
- 53%的人承认在网上说过刻薄或伤人的话，超过三分之一的孩子承认不止一次对另一个孩子说过刻薄或伤人的话。
- 35%的儿童在网上受到过威胁。
- 近20%的儿童不止一次在网上受到威胁。

尽管网络霸凌的发生率不断上升，但它仍然是一种相对来说未经审查的犯罪行为。在审查之前，提供以上信息是为了提高执法者的洞察力，并特别强调在侧写中使用。此外，网络霸凌者的特征及此类罪犯的各种类型和动机可以用来建立一个用于社区干预的侧写。

犯罪侧写通过研究犯罪行为人的动机和特点，可以提高某些刑事案件的破案率。通过深入了解网络暴力的特点，执法部门可以发现潜在的网络罪犯，并确定他们普遍拥有的共同特征。社区领导和公共安全人员也可以将侧写作为一种工具来帮助理解网络霸凌，以应对日益增长的对网络霸凌事件的调查报告带来的挑战。

数字通信创造了一种新的霸凌方式。但它回避了一个问题：网络霸凌者究竟是使用新方法进行霸凌的传统霸凌者，还是一个新群体？我们可以合理地假设，网络霸凌和传统霸凌在某些层面上是相关的，但媒介的性质和可能造成的伤害表明它们之间存在着明显的差异：

- 那些（在现实生活中）进行传统霸凌的霸凌者被称为全面霸凌者。
- 选择只在网络世界进行攻击的霸凌者被称为纯粹霸凌者（Sanders et al.，2010）。

根据桑德斯等人（Sanders et al.，2010）的研究，纯粹的网络霸凌者与典型的传统霸凌者并不相符，后者通常具有统治力、大众性，但不受欢迎。此外，他们也不像全面霸凌者那样强势和离经叛道。纯粹的网络霸凌者并不一定要很强悍才能进行霸凌。他们可以很容易地接触到更广泛的受众，从而增加了造成严重情感伤害的可能性。此外，数字通信的匿名性使更恶毒的人身攻击成为可能，甚至可能引发更多的人身攻击。

网络霸凌者和全面霸凌者在同理心、社会智商、关系攻击、学业成就或霸凌行为动机方面并无差异。研究表明，许多网络霸凌者都是受害者身边的同龄人，如朋友和同学。网络霸凌者多为男孩，而受害者多为女孩。他们首选的攻击方式是通过互联网进行口头霸凌，包括发送残酷的即时消息或电子邮件。他们还会将其他孩子纳入他们圈子中，共同对另一个孩子进行言语攻击。成年人对这种技能相对不熟悉，这使得施虐者和受害者几乎都是隐形的。

5. 霸凌者的共同特征

霸凌者们有一个共同的主线，那就是某件事或某个人让他们感到不安全，所以他们欺负人是为了让自己感觉更安全。霸凌与攻击性、好斗的行为一样，会随着霸凌者的成长导致更多的暴力行为。据估计，四分之一的小学霸凌者在30岁之前会有犯罪记录（Eron et al.，1987）。随着年龄的增长，小恶霸可能会被同龄人排斥，失去友谊。霸凌者可能会试图通过匿名地散布具有破坏性的谣言来操纵他的受害者，只是为了看看会发生什么。其他特征包括：

- 许多霸凌者的生活存在其他问题。他们的家庭发生了一些事情，或者他们在学校里过得很艰难。
- 他们可能觉得没有得到父母或老师足够的重视。
- 他们的父母或哥哥姐姐们通过为所欲为地摆布他人来出气。有些霸凌者之所以欺负别人，是因为自己也被欺负过，包括被自己的家人欺负。他们一旦长大，变得更强壮、更自信时，就会有同样的行为。

- 他们可能被宠坏了，也可能没有被教导不要伤害他人，他们通常比较自恋，喜欢控制别人。
- 需要调查他们在电影、电视和电子游戏中接触暴力的情况。
- 他们实际上没有安全感，通过贬低别人，感觉到自己更有趣、更有力量。
- 他们可能缺乏社会技能和社会判断力，很少有悔恨、同情或关心受害者的感觉。

实践经验

芝加哥警察局的辛西娅·舒曼（Cynthia Schumann，2009）报告称，对网络霸凌者的具体行为和特征的识别提供了揭示这一匿名、隐蔽犯罪的线索。网络空间是网络霸凌发生的犯罪现场。通过提高那些参与发现、报告和咨询网络受害者的人的理解和教育水平，标记典型网络暴力犯罪者的特征、行为和刺激因素，进而构建侧写，使社区负责人受益。

在许多市场和企业中，侧写都是一个有用的工具。例如，营销公司、食杂店和百货公司都对客户进行分类，以针对性地介绍新产品，增加销量。更常见的是，执法部门使用犯罪侧写来帮助识别罪犯，建立心理侧写，以解决诸如邮寄违禁品及其他具有各种犯罪动机的事件。犯罪侧写寻找的是特定犯罪、特定地点或特定罪犯的共同的典型特征或行为。

在构建一个典型的网络霸凌者的侧写时，会出现一些狡猾、精于算计的行为迹象，如他们攻击受害者的自尊和自信。如果不被发现，网络霸凌会逐渐导致青少年自杀、社交孤立和学业失败。而对女孩进行网络霸凌的特殊问题，则充满了会导致长期心理伤害的阴谋诡计、结盟和背叛。

网络霸凌的目标与校园霸凌者的目标相同。然而，校园霸凌仅限于校园，校园霸凌行为发生在学生时代，对受害者的伤害有限。由于科技的发展，网络霸凌可以夜以继日地进行。这是一个无处不在的社会问题，它的影响范围极广，使用此种恶毒的方式造成的伤害远比校园霸凌要大得多。父母和公共安全官员的不了解加剧了网络霸凌问题。因此，社区负责人必须了解网络罪犯的作案手段,并迅速采取行动,对网络犯罪行为进行侦查、报告和干预。犯罪侧写可以帮助公共安全官员查找到这些阴险无情的罪犯的蛛丝马迹。

| 参考文献 |

Aftab, P. What is cyberbullying. n. d. www. aftab. com/cyberbullying(accessed September 29, 2012).

Akers, R. I. *Criminological theories*: *Introduction*, *evaluation*, *and application*, 3rd ed. Los Angeles: Roxbury, 2000.

Bremner, R. *Children and youth in America*: *A documentary history*. Cambridge, MA: Harvard University Press, 1970.

Connor, M. The risk of violent and homicidal behavior in children. 2007. www. oregoncounseling. org/ArticlesPapers/Documents/childviolence. htm(accessed May 27, 2012).

Eron, L. D., R. L. Huesmann, E. Dubow, R. Romanoff, and P. W. Yarnel. Childhood aggression and its correlates over 22 years. In D. H. Cravell, I. M. Evans, and C. R. O'Donnell(Eds.), *Childhood aggression and violence*. New York: Plenum, 1987: 249 – 262.

Farrington, D. Explaining and preventing crime: The globalization of knowledge. *Criminology*, 38, 2000: 1 – 24.

Ferguson, D., and M. Lynskey. Physical punishment/maltreatment during childhood and adjustment in young adulthood. *Child Abuse and Neglect*, 21(7), 1997: 617 – 630.

Fox, S. J. Juvenile justice reform: An historical perspective. *Stanford Law Review*, 22, 1970: 1187.

Greenwald, R.(ed.). *Trauma and juvenile delinquency*: *Theory*, *research*, *and intervention*. Binghamton, NY: Haworth Maltreatment and Trauma Press, 2002.

Hops, H., B. Davis, A. Alpert, and N. Longoria. Adolescent peer relations and depression symptomatology. In *Adolescence*, ed. J. W. Santrock, 211. Boston: McGraw Hill Co., 1997.

Hosser, D., S. Raddatz, and M. Windzio. Child maltreatment, revictimization and violent behavior. *Violence and Victims*, 22, 2007: 318 – 333.

Huesmann, L. R., L. D. Eron, M. M. Lefkowitz, and L. O. Walder. The stability of aggression over time and generations. *Development Psychology*, 20, 1984: 1120 – 1134.

Karmen, A. *Crime victims: An introduction to victimology.* New York: Wadsworth Publishing, 2010.

Kempe, C. H., F. N. Silverman, W. Droegemeuller, and H. K. Silver. The battered child syndrome. *Child Abuse and Neglect*, 9, 1985: 143 – 154.

Kim, Y. S., and B. Leventhal. Bullying and suicide: A review. *International Journal of Adolescent Medicine and Health*, 20 (2), 2008: 133 – 154.

Kleinman, P. K., B. D. Blackbourne, S. C. Marks, et al. Radiologic contributions to the investigation and prosecution of cases of fatal infant abuse. *New England Journal of Medicine*, 320, 1989: 507 – 511.

MacDonald, J. M. The threat to kill. *American Journal of Psychiatry*, 120, 1963: 125 – 130.

Madison, L. Interview by Ronald Rufo. Illinois Attorney General (August 1, 2012).

McCord, J. A forty year perspective on effects of child abuse and neglect. *Child Abuse and Neglect*, 7, 1983: 265 – 270.

McCord, J., C. Widom, and N. A. Crowell. Panel on Juvenile Crime: Prevention, Treatment and Control. *Juvenile crime, juvenile justice.* Washington, DC: National Academy Press, 2001.

Platt, A. *The child savers: The invention of delinquency.* Chicago: University of Chicago Press, 1977.

Roland, E. Aggression, depression, and bullying others. *Aggressive Behavior*, 28, 3, 2002: 198 – 206.

Salter, A. C. *Predators, pedophiles, rapists, and other sex offenders: Who they are and how they operate.* New York, NY: Basic Books, 2003.

Sanders, J. B. P., P. K. Smith, and A. H. N. Cillessen. Cyberbullies: Their characteristics, motives, and features of their bullying behavior. In preparation, 2010.

Sanders, J. B. P., P. K. Smith, and A. H. N. Cillessen. All about cyberbullies: Who they are and what they do (issue #2), 2012.

Schumann, C. *Cyberbullying among preteen and adolescent children.* Dissertation. Atlanta, GA: Argosy University, 2009.

Shurtleff, N. D. Records of the governor and company of the Massachusetts Bay in New England 1628 – 1686. 1854.

Szalavitz, M. The relationship between bullying and depression: It's complicated. *Time. com*, February 9, 2012.

Ventrell, M. Evolution of the dependency component of the juvenile court. *Junveile and Family Court Journal*, 49, 1998.

Watkins Jr., J. C. *The juvenile justice century: A socio-legal commentary on American juvenile courts*. Durham, NC: Carolina Academic Press, 1998.

Widom, C. Child abuse, neglect, and violent criminal behavior. *Criminology*, 27, 1989: 251–271.

Widom, C., and M. Maxfield. *An update on the "cycle of violence," brief*. Washington, DC: National Institute of Justice, 2001.

Williamson, L. Infanticide: An anthropological analysis. In *Infanticide and the value of life*, ed. Marvin Kohl. Buffalo, NY: Prometheus, 1978: 61–73.

第五章

动机与犯罪类型

这是一种冲动……这是一种强大的动力,我越放任它,它就越强烈,我要冒着危险去杀人。

——连环杀手埃德蒙·肯珀(Edmund Kemper)

学习目标

- 理解动机、触发因素和冲动之间的区别。
- 在实证推理和法律责任的基础上对动机进行探索。
- 在不同犯罪特征的类型学不断发展的基础上研究犯罪的类别。
- 将罪犯及其犯罪类型应用于侧写的初步构建。

关键词

犯罪行为(Actus reus)

超龄现象(Aging-out phenomenon)

间接证据(Circumstantial evidence)

阶层(Classes)

分类(Classification)

犯罪事实(Corpus delicti)

冲动(Impulse)

意图(Intent)

犯罪意图(Mens rea)

动机(Motive)

模式(Patterns)

目的论（Teleological）
趋势（Trends）
触发（Trigger）
类型学（Typologies）

一、引言

在犯罪案件的重建过程中，侦查执法人员必须应对无数的变量，甚至预测犯罪行为也可能只是一个幸运的猜测。而这些因素和特征可能是其指标，包括动机、触发因素和一时冲动。

要探索这些术语之间的独特差异，首先必须考虑所使用的词汇包含的内容。例如，动机为解释为什么采取某些行动（或做出某些选择）提供了机会。"动机是原因，是为什么，有时是我们称之为'人类大脑中，最黑暗的书中最黑暗的一章'"（Van Zandt，2006）。确定一个动机，本质上包括探索一个人从思考、计划到实施犯罪的驱动力。

触发因素是指对特定刺激存在的条件反射。威廉姆斯和巴洛（Williams and Barlow，1999：83）认为，触发因素是所有发生在攻击性情绪爆发之前的事件，无论大小。触发因素可以是个人的，也可以是由过去的经历而产生的具有特殊意义的东西。米尔斯（Mills，2000）认为，当我们收到一个特定的暗示时，大脑就被设置了说服触发器。触发器在很大程度上是由情绪驱动的。莫里森（Morrison，2004）认为情绪反应应根据个人情况、特殊想法和行为的强度来评级。当情绪与其他成分相关联时，评估情绪是很重要的，因为它可能起到提示或触发的作用。

冲动是指无法控制自己的想法，正如本章开头引用的埃德蒙·肯珀所说的那样"这是一种冲动……这是一种强大的动力"。冲动控制主要建立在情感的基础上，而事实和后果几乎或根本不起作用。这种由感觉驱动的行为，无论是孤立的、偶然的，还是作为由不可抗拒的冲动控制的行为模式的一部分，对冲动决策者来说都是潜在的危险。不是每一个冲动做出的决定都可以被看作熟悉的行为模式的一部分。它们有时以独立事件的形式出现。约翰逊（Johnson，2004）给出解释，暴力本身不是一种可诊断的精神障碍或疾病，而是一种潜在的对冲动控制的障碍和问题的症状。为了与前几章保持一致，我们所探索的解释遵循与理论相同的一般性结构，即动机是一种选择，而触发因素或冲动分别代表社会学习和生物学派。

下面将更深入地分析动机识别在追捕未知嫌疑人过程中的作用，以及触发因素和冲动在追求正义过程中的法律含义。

二、动机

如果分析人员处理动机问题的目的是回答主要问题——谁、什么、在哪里、什么时候、为什么——那么就会清楚这些因素及它们之间的关系。寻找的人是谁？犯罪案件是什么？犯罪现场在哪里（可能不止一个地方）？在很多情况下，这些问题有时立即就能知道答案，而有时需要科学分析才能确认为什么上述所有问题的答案是这样的。它是使公众对所发生的事情进行合理化（即"接受"）的关键，而且往往对受害者的心理康复很重要。有时原因很明显，嫌疑人需要钱，所以抢劫了他人的现金或珠宝，但有时原因不太明显或罪犯是未知的，这通常是重建动机的开始。犯罪动机可包括下列一项或多项（见表5.1）。

表5.1 犯罪动机

憎恨	愤怒	性冲动、兴趣、跟踪、情欲、魅力、欲望
经济原因	强制、被驱使	风险、挑战、发现
疯狂的想法	猜忌	复仇
手段、机会、欺骗、说服、弱点	虐待狂的想法、操纵	自我、自恋

资料来源：Rufo, R., *An Investigation of Online Sexual Predation of Minors by Convicted Male Offenders*. Dissertation. Argosy University, Atlanta, GA, 2007.

在刑事司法领域，动机解释了为什么一个人会以某种方式行事，也就是我们所说的犯罪动机。在这方面，它并不是证明一个案件的必要因素，因为它不是犯罪事实的一部分。犯罪事实是犯罪的主要部分，它是由犯罪意图（思想）、犯罪行为（行为）、因果关系和损害构成的。确认一级指控需要五项因素都存在，而这些因素中任何一项的缺失都将降低被指控罪行的严重性。虽然没有被特别要求去证明犯罪，但动机在法庭上有很大的影响力，因为它可以：

- 让陪审团相信导致犯罪的事件情况。
- 为所发生的事情提供一个可能的解释。
- 在罪犯身份不明的情况下提供罪犯身份的线索。

伍德等（Wood et al., 1994）指出，大量的犯罪学文献漠视了犯罪动机的实证研究。这可能是因为动机本身是不可观察的。这项研究空白在刑事司法方面提出了特殊的挑战，因为很多的调查过程都是基于对一个人的犯罪事实的假设而建立的。一般来说，从推理模型的角度来量化动机可靠性的努力已经解决了这个问题，例如下面讨论的信念—欲望—意图（Belief – Desire – Intention，BDI）模型和最佳解释推理（Inference to the Best Explanation，IBE）模型（Walton and Schafer, 2006）。

（一）信念—欲望—意图模型

BDI 模型结合了目的论实践推理的自上而下和自下而上的模型，利用溯因推理从事实和间接证据中得出推论（见第三章）。在这个模型中，动机被定义为一种直接的内在欲望，一个人强烈地沉浸于这种欲望，因此采取了某种行为来满足或维持这些欲望。人们可以利用有关欲望的认识或间接证据合理地推断出特定的动机。要证明一个人的动机，就要看他所采取的行动，无论是直接的还是间接的（Walton and Schafer, 2006）。该模型的最佳解释如下：

大前提：我有一个欲望 D。

小前提：实施行为 A 是实现 D 的手段。

结论：因此，我实施了行为 A。

伦纳德（Leonard，2001：447）认为，一旦确定存在动机，就可以合理地得出这样的结论：某人实施了特定行为，该行为已发生，或者行为人有某种心理状态（在刑事案件中，是指犯罪意图）。如果检察官能够成功地使审判员相信结论的真实性，那么定罪就更有可能，在这种情况下，BDI 模型就可以被证明在刑事司法领域是有用的。

（二）最佳解释推理模型

最佳解释推理是实践推理和溯因推理的结合，它从一组观察到的或给定的事实或数据中推断出结论（如在犯罪现场），并在几个关于案件事实的解释中选择一个最好的（Walton and Schafer，2006）。溯因推理的形式如下，其结构为最佳解释推理（H 为假设推理）：

- D 是数据的集合。
- H 解释 D。
- 没有其他假设能像 H 一样解释 D。
- 因此，H 可能是正确的（Josephson J R and Josephson S G，1994）。

这种方法最大的挑战是信息的载体（即犯罪现场）是即时固定的。从犯罪现场收集到的信息只能说明当时发生了什么，却无法解释犯罪事件之前或之后发生的行为。这对执法人员来说是一个挑战，他们认为某一特定犯罪现场或某一特定证据的构成要素表明了犯罪动机的演变。它需要规则和训练，以便只根据事件本身的价值来分析这类信息。

贝克斯等人（Bex et al.，2009）通过实践推理对最佳解释推理模型进行了扩展，他们的分析超越了用关键问题解释某些选择的简单解释。

问题 1：有没有其他的方式来解释目前的情况？

问题 2：假设有这样的解释，是不是有什么东西使动机消失？

问题 3：假设有这样的解释，是否还有其他动机来阻止这种行为？

问题 4：目前的解释可能是由其他动机引起的吗？

问题 5：假设之前的情况是 R，在联合行动中是否有一个参与者试图达到不同的状态？

问题 6：目前的情况是否属实？

问题 7：行动是否有规定的先决条件？

问题 8：以前的情况和现在的情况一样吗？

问题 9：对当前状态的解释能提供动机吗？

问题 10：假设在之前的情况下，这个行为会有声明的后果吗？

问题 11：假设在之前的情况下，这次行动会有什么后果？

问题 12：目前的情况 S 可能吗？

问题 13：联合行动可能吗？

问题 14：以前的情况 R 可能吗？

问题 15：这种动机真的是正当的吗？

通过提出这 15 个关键问题，该分析在技术上更强大，并展示了几种可以扩展简单模型的方法。然而，不可漠视的是，简单模型作为动机证据推理的一种表示具有一定的优势。事实上，沃尔顿（Walton，2011）认为，"BDI 模型是最适合在法律论证中进行溯因推理的：从行为人的行为推理到可能导致该行为的动机的假设"，在很大程度上，投入模型和 BDI 模型可以同时使用，而且他认为 BDI 模型更好地适应了法律场景中经常伴随出现的情感模糊。

三、动机观点

从犯罪现场调查中可以看出犯罪动机，在一些情况下，可以排除作为证据的潜在动机。例如，在一起可疑的抢劫案中，没有任何有价值的物品被抢夺。在排除了潜在动机后，侦查人员不得不考虑犯罪事件的其他动机。这是通过两种截然不同的视角实现的：环境和个人。环境视角是指在犯罪现场发现的证据，而个人视角是指潜在罪犯的人格特征证据。

（一）环境重建

如前文所述，环境重建是指根据在犯罪现场发现的证据来确定犯罪动机。例如，在调查人员收集了环境信息后，诸如发生的区域（帮派领地、帮派战争、帮派涂鸦、帮派色彩）、事件发生的时间（就其他事件而言，如报复或争夺地盘的案件）、犯罪者的同伴或目击者的描述，一个看似随机的枪击事件可能开始呈现帮派相关枪击事件的特征。

下面的例子证明了使用环境分析对个人行为或动机进行假设是构建可靠侧写的障碍。

当调查人员发现这一场景时（图5.1），他们认为，在考虑房间状况的基础上，自己面对的可能是一个无组织的罪犯。于是，他们开始寻找（并发现）支持这一假设的证据。直到采访了受害者，才确定混乱的状态——他们认为这是反映罪犯精神状态的证据——实际上是受害者家中正常的混乱状态。这反映了仅使用犯罪现场来对罪犯的心理状态做出假设所存在的问题。将重点从个人特征转移到犯罪现场分析（见第九章）和受害者选择（见第十一章），是构建一个更完整、公正和平衡的犯罪侧写的一种手段，有望使犯罪侧写得到更平衡和公正的发展。

图5.1 犯罪现场

（二）个人重建

以上面的例子为例，如果这些指标是特定于罪犯或受害者的（如案底、黑社会背景、文身），那么动机可能是基于个体特征构建的。特维（Turvey，2012：314）将这些因素称为状态与特质，状态指的是一个人在某个时间点的一系列行为所表现出来的快照，而特质则是一个相对稳定的、静态的、持续时间较长的写照。与这个想法相关的是不要试图完成手头上任务以外的事情。当前存在一种倾向，认为对罪犯（或受害者）的了解需要比证据所揭示的信息多，这最终会导致逻辑评估中的谬误（见第三章）。

（三）动机决定

动机通常是由遗留下来的证据决定的，这些证据不仅揭示了犯罪行为的原因，也揭示了其过程。例如，在纵火案件中，如果存在受害者的衣物、床被烧毁，或者受害者四周的物品被烧毁，那么案件中可能存在对个人的人身攻击，进而表明这可能是一个熟人仇杀案件。尽管这些观察结果前后一致，但证人或罪犯的指证往往才能使一个悬案得以破解。

罪犯通常不会留下任何证据，然而，这也要取决于所调查的内容和全部调查结果。以盗窃为例，调查人员可能在犯罪现场发现指纹、鞋印、盗窃工具或使用痕迹等，也可能在性侵案件中发现DNA（唾液、精液、头发、指甲、咬痕）。根据调查的类型，训练有素的调查员在处理犯罪现场时，知道在什么地方寻找具体的证据。罪犯留下DNA的可能性是最大的，所以关键是找到并恢复DNA证据。现在，大多数案件都希望向法庭及陪审团提供一些DNA证据来建立可信度，但这并不是说所有案件都能做到这一点。在没有DNA证据的犯罪案件中，目击者和受害者的陈述或罪犯的供词对破案至关重要。

四、触发因素

动机为某些行为提供一种解释,在讨论犯罪意图时也很有用,但触发因素不同,它更倾向于条件性反射——不像犯罪行为模型(以学习理论为基础)中所讨论的动机。行为理论认为,只有通过实施奖励或惩罚,才能塑造行为。表5.2展示了行为理论中奖罚使用的不同视角。

表5.2 奖罚的不同视角

视角	积极	消极
奖励	通过增加一些愉快的事情来增加被认可行为的频率,例如,赠送礼物	通过减少不愉快的事情来增加被认可行为的频率,例如,一天不做家务
惩罚	通过增加一些不愉快的事情来减少不受欢迎的行为的频率,例如,打屁股	通过减少一些愉快的事情来降低不受欢迎的行为的频率,例如,拿走一个最喜欢的玩具

行为理论认为,某些行为的动机是由环境而不是由个人决定的。这对于理解一个人的行为会随环境而变化(理论上)很关键。这种观点也被认为是行为理论中最弱的元素之一,因为它否定了个人采取特定行动的选择。此外,暗示刺激导致一个行为发生,会产生一种推论,即行为人无法控制自己,这当然会对责任认定和相关法律的决定产生影响。

从法律上讲,触发因素的影响是在犯罪行为构成要件(犯罪主要部分)的范围内。如果能够证明犯罪行为的发生不是行为人意志的作用,那么就可以减轻个人所犯罪行的严重程度。从本质上说,如果一个人在一个特定的刺激之后所采取的行动得到了积极的强化,那么逻辑上就可以假设,每当这个特定的刺激发生时,特定的行动就会随之发生。想想巴甫洛夫的狗:铃声一响,狗就流口水——即使没有奖励也会流口水。狗就是忍不住。这并不是说人在面对特定的刺激时无法控制自己的行为,而是有一些研究支持特定的刺激会引发特定的反应。

五、意图

与动机相反，意图是指一个人行为最终的期望和目标，是证明刑事案件的必要因素。意图是构成违法行为的五项要素之一，证明意图的存在（犯罪意图）增加了被指控罪行的严重性。将动机和意图互换使用不一定是错误的，因为这二者经常会一个导致另一个发生。然而，就诉讼程序而言，意图是首选的术语。

六、犯罪类型学

类型学根据一些可测量的相关或相似标准对群体进行分类，而分类涉及一组属性或变量，这些属性或变量与一系列逻辑类别相联系。把小组分成类似的班级的过程并不是犯罪学独有的，事实上每天都在发生，例如，水果和蔬菜，男孩和女孩，好和坏。犯罪类型学可以指同一系统的几个不同元素，如罪犯特征、系统特征或受害者特征。在每一类中都存在着一些子类，包括所犯的实际罪行（轻微的或暴力的），所犯罪行的性质（习惯性的或偶然性的），或犯罪者所使用的方法（掠夺性的或机会主义的）。

分类和类型学之间的关键区别（尽管常常可以互换使用）在于类型学寻找方法来解释观察到的现象是如何通过实证解释的。一般来说，我们的目标是使信息易于管理，使其能够实际应用于违法行为的组织、分类和范围。

犯罪学的分类有两个重要意义：①类别通常决定责任和惩罚的程度；②刑事司法系统的每个阶段都有其学科的类型学。例如，警察判定重罪与轻罪，法院判定有罪与无罪，惩罚教养判定拘留与关押。犯罪类型学的另一个重要特点是，许多不同学科的类型学会相互重叠，如被判入狱的轻罪。

系统类型学是指风险评估和威胁分析的过程。对于那些负责对罪犯进行重要培训和控制的人来说，类型学是特别有趣的，但是这不在本书的讨论范围之内，因此不会具体讨论。受害人类型学在识别未知嫌疑人或构建可行的侧写中非常重要，因此在第十一章中会深入讨论。犯罪事件类型学在解释或使用它们的方式上受到法律的限制，但在确定某些罪犯是否在维持或升级其犯罪行为方面，提供了有价值的信息。罪犯类型学可以为了解行为动机提供有价值的见解；然而，如果没有对特定因素（个人特征、环境因素、犯罪类型和犯罪现场特征）给予足够的关注，行为分类的过程有时会被证明是难以捉摸的，因为由此产生的信息可能具有误导性。

（一）犯罪案件类型学

犯罪类型几乎不用解释。行为本身就是立法或法律上的定义，这往往规定了类别。本质上，"它就是它"。如果从广义上考虑犯罪类型，那么大多数犯罪可以分为四类（注意，这些类别并不总是相互独立的）：暴力犯罪、财产犯罪、白领/有组织犯罪、公共秩序/无受害者犯罪（一级）。

表5.3显示了被归类为特定类别（二级）的具体犯罪，在该类型之外，还可以归类为实施这些犯罪的各种方法（三级），最后将实施这些犯罪的各种方法分门别类（四级）。

表5.3 犯罪类型

一级	暴力犯罪	财产犯罪	白领/有组织犯罪	公共秩序/无受害者犯罪
二级	谋杀/过失杀人	经济犯罪	商业卧底/诈骗	卖淫
三级	一级谋杀 重罪谋杀 二级谋杀 过失杀人	偷盗		站街女 妓院 应召女 色情服务（女性提供）
四级	故意杀害 非故意疏忽	轻微盗窃罪 重大盗窃罪 机动车盗窃 盗窃 欺诈 挪用公款		酒吧女 会所 行为怪异

续表

二级	强奸	入室盗窃	欺诈	色情
三级	陌生人强奸 熟人强奸 强奸/猥亵未成年人		证券欺诈 内幕交易	
四级	约会强奸 婚内强奸			

（二）罪犯类型学

除了犯罪本身的分类，罪犯也可以通过通用类型进行分类。罪犯的分类有很多用途，其中最重要的是提供一个处置框架（改造与惩罚）或潜在地为识别未知嫌疑人设定方向（连续犯罪者与机会犯罪者）。有许多连续统一的行为可以对特定的违法者进行分类。常见的类型如下。

1. 罪犯类型

对凶杀、性侵犯和涉及儿童的案件的侦查往往包含各种明确的犯罪现场特征，包括犯罪行为、受害者与罪犯的关系。不同类型的罪犯往往会表现出不同的行为模式，例如：

- 陌生人与家人或熟人。
- 杀害成年人或老年人的罪犯。
- 绑架和杀害儿童的罪犯。
- 对儿童实施身体、性或精神虐待的罪犯。
- 偏好型与情境型儿童性骚扰。
- 欺诈型与自恋型罪犯。

2. 犯罪类型

在进行新的犯罪侧写时，首先考虑的必须是所发生的犯罪类型（暴力与非暴力），因为很多时候这些信息将指导调查。例如，在接到强奸案的报警后，几乎没有调查人员会在调查之初与女性面谈——他们会根据犯罪的性质、统计概率和经验寻找男性罪犯。因此，人们常常不加思索地考虑所犯的罪行是否属于暴力行为，如果是，那么什么样的人最有可能犯下这种罪行。

（三）个人特征

犯罪类型通常决定了调查的重点，那么，接下来的逻辑则是通过犯罪或犯罪现场的元素来识别个体特征。然而，个体特征的分类发生在众多的连续行为上，而不仅仅是人口统计上（性别、年龄、邻里关系等）。研究人员试图将特定的罪犯归类为类似的群体，他们考察了许多因素，如精神疾病与犯罪行为（Byrne and Roberts，2007）、守法与违法行为、心理与社会因素、古典主义与实证主义、个别化与社会化罪犯（Lindesmith and Dunham，1941）❶、意外与专业罪犯（梅赫 - 莫罗分类）、社会建构与社会互动（Cavan，1962）。

大量类型学产生了两个逻辑假设：①因为需要足够多的类别，因此，类型学不是全面的和完全包含的；②由于存在多种不同的分类方法，因此类型可能发生重叠，这会对数据的实证分析产生严重影响。对于个人而言，研究人员通常指的是罪犯独有的特征，如年龄、性别、种族和教育水平。根据罪犯的个人特征进行分类，为该领域提供了一些有价值的重要信息。例如，超龄现象。研究人员发现，罪犯在 25 岁左右就开始自然地减少某些犯罪行为，因此，大多数罪犯在 16～24 岁时犯罪活动频繁。在识别已知或未知的罪犯是否属于特定年龄组的统计概率方面，这个信息是有价值的。同样，根据可识别的特征将个体分为特定的组，使得该领域能够观察到分析特定组时出现的趋势。

---

❶ 某个犯罪分子出于个人原因而采取的行动几乎没有文化支持，而社会犯罪分子的行动则受到群体规范的支持，这为个体提供了在群体中获得地位和认可的机会（Lindesmith and Dunham，1941）。

七、社会学因素

决定论认为，犯罪的人是被他们无法控制的力量所驱使的，这就决定了一些犯罪类型将会涉及社会学因素，因为社会学是决定论的主要流派之一（另外两个是生物学和心理学）。到目前为止，还没有一个因素被确定为决定犯罪行为的特定因素，但是多项研究一致表明，本章中讨论的几个因素（邻里关系、同龄人关系和收入）不仅与越轨行为有关，有时也与特定类型的犯罪行为有很高的相关性。个体因素被应用于理论发展的三个具体途径有：社会结构（生活条件）、社会学习（学习行为）和社会冲突（与社会有关）。

官方数据来源，如统一犯罪报告（Uniform Crime Report，UCR）、全国犯罪受害者情况调查（the National Crime Victimization Survey，NCVS）和自我报告研究（监测未来、全国青年调查）被用来向公众和决策者通报犯罪和受害的原因。这些调查追踪决定犯罪行为的社会因素，并有助于制定能够成功干预犯罪的政策。主要研究表明，来自少数民族或族裔社区、收入低、受教育水平低、薪资微薄或兼职（如果有的话）、家庭关系紧张的年轻男子等是青少年拘留中心和监护机构最常见的标准定义特征（Krisberg，2005）。对这一现象的研究为此提供了无数可能的解释，但具体的原因尚未确定。我们已经确定了一些可能有助于构建有效侧写的因素，并始终得到实证证据的支持。

其中一个因素是社会阶层和犯罪之间的关系。亚姆罗齐克（Jamrozik，2001）根据住房的类型和位置、父母提供物质支持的能力、学校的性质（公立学校或私立学校）、正规教育终止的年龄、完成教育后获得资格的性质（如果有的话）、进入劳动力市场的年龄和就业的性质（如果有的话），以及休闲活动的类型来定义阶层水平。未能达到上述任何一个条件，往往导致个人生活在较低的阶层，并可能接触和从事犯罪活动。数据显示，一个地区越是贫困，暴力和财产犯罪的可能性就越大。由于收入水平往往直接与社会阶层水平挂钩，犯罪大多与下层阶级、失业者和未充分就业的人有关。

另一个因素是同龄人关系和犯罪。社会化是指孩子或成人的学习行为方式，这种学习来自与老师、父母、社会和同龄人的互动。根据张（Jang，1999）的研究，长期以来，人们认为青少年犯罪、年龄与青少年同龄人关系之间存在明显的关系，但这一观点在很大程度上没有得到研究的重视。目前的研究确实存在难以达成一致的争论：是先有不良行为（Gottfredson and Hirschi，1987）还是先有不良同龄人（Thornberry et al.，1994）？不良同龄人是否会影响犯罪行为类型的研究也没有定论（除了毒品犯罪案件）。实践证据确实表明，与不良同龄人接触的增加对年龄较大的青少年从事毒品犯罪的倾向有独特的影响（Mears and Field，2002），但不一定对其他的越轨行为有影响。米尔斯和菲尔德（Mears and Field）还确定了一些初步证据，证明同龄人关系的性质和结构可能直接影响侵犯行为的类型，但他们也承认这个问题还需要进一步的研究。

徐、庞和霍（Xu，Pang，and Huo，1994）指出，类型学的构建远非"完美"（所有这些系统都基于对世界"真实情况"未阐明的假设）；然而，没有类型学，理论本身就不可能存在。因此，这个问题不能与另一个问题分开讨论，在寻求确定理论关系之前，有必要确定相似性。吉本斯和法尔（Gibbons and Farr，1990）试图创造一种综合的类型学，有效地将个人和社会因素结合起来。他们发展了一个由5个维度组成的分类系统：①犯罪发生的组织层次；②组织背景的合法性；③罪犯的组织一致性；④犯罪形式的范围；⑤主要受害者。然而，这个模型没有被广泛接受。1992年，吉本斯发布了一个更具体、更完善的模型，提供了5个定义维度、4个背景维度和20个不同的罪犯类别。虽然这个模型存在大量的可能在某些方面有帮助的细节，但是我们认为大量的因素使模型变得笨拙及难以处理。此外，与为合理化提供明确道路的努力相反，个别因素缺乏全面性，而集体因素往往相互重叠，这会导致混乱和不和谐的发生。

八、犯罪现场特征

最后，也许最广为人知、最被广泛接受的分类模式是美国联邦调查局对有组织和无组织的罪犯的分类。门宁格和马伊曼（Menninger and Mayman，1956）用"有组织"和"无组织"这两个术语来描述攻击性个体的发作性控制障碍。1974 年，美国联邦调查局开始使用这些术语——而不是心理变态或精神疾病，因为它们太医学化了——来描述那些在犯罪过程中表现出精神病理的罪犯，而犯罪现场就是证据。但是，随着时间的推移，分析人员将这些术语分配给了错误的变量，这种区分应从对犯罪现场和受害者的检查中得出，而不是罪犯的精神状态。最近的文献（Holmes S. T. and Holmes R. M.，2008；Canter et al.，2004）将有组织、无组织的犯罪者的焦点转移到了有组织、无组织的犯罪现场。这种微妙的变化极大地促进了新学科的发展，包括行为证据分析（Behavioral Evidence Analysis，BEA）和犯罪现场重建，这些新学科的重点是更好地评估罪犯及其动机。

值得注意的是，增加类型学的层次和维度有助于缩小焦点，并为每个事件创建更多的特殊性。最终会形成一个非常初步的侧写。

实践经验

调查员索尔·阿拉姆布拉介绍了他对芝加哥南部调查司（第二区）暴力方面的工作案例的看法。

在 16 年的职业生涯中，我获得了在该司各个部门工作的机会。头两年，我在巡逻队工作，开着一辆快速反应车。由于被分配到初值（午夜）岗位，我有机会处理所有类型的案件：谋杀、死亡调查、涉及警察的枪击、涉及枪杀或其他危险武器的严重殴打、刑事性侵犯、抢劫、纵火、盗窃和重罪盗窃。作为第一个出警的警官，我必须确保犯罪现场的安全，并提供援助，建立内部和外部的警戒线，同时，用草图或笔记记录犯罪现场情况。

接下来的 8 年，我在战术小组、汽车盗窃特遣部队、黑帮小组和缉毒小组工作。在此期间，我还在第一区做了一年的犯罪侧写分析工作。在成为调查员之后，我曾在反恐中心、特别受害者组、抢劫组、盗窃组、杀人组、团伙和性犯罪组、炸弹和纵火组工作。目前，我主要负责凶杀案、帮派和性犯罪组的案件，这些案件涉及枪杀和严重的身体伤害。

作为一名调查员，我所做的第一件事就是记录到达犯罪现场时发现的情况，并将其与第一个接警警官的笔记或素描进行比较。一下车，对犯罪现场的记录就开始了。抓住整个现场很重要，我会用自己的方式进入犯罪现场的内部。与第一个出警的警官面谈是极为重要的。

犯罪现场的记录至关重要，因为犯罪现场或证据可能被警察或急救人员更改、触摸或移动。把我的记录与第一名出警警员的记录比较，便可建立"纯粹"的犯罪现场记录，这对整体调查至关重要。维护犯罪现场的完整性也很重要。当调查员到达现场时，只有那些负有调查责任的人才能进入最内部。外围用黄色的警戒线，内部用红色的警戒线。经过对犯罪现场的初步检验，调查员可以而且很可能会调整犯罪现场的警戒。

在公布犯罪现场情况之前，我会与所有调查人员进行第二次检验，以确认所有证据和初步草图均已妥善收集和记录。最后一步是公布犯罪现场情况。如果犯罪现场在室内，我将亲自与业主沟通，并要求在需要时随时提供进入该房屋的通道。如果需要进一步进入犯罪现场，我将获得签署的搜查令。户外场景没有合理的隐私预期，一旦所有调查任务完成，就会公开。

调查的过程决定了犯罪现场是否还有潜在的证据价值。对受害者（如果不是死者）的回访、目击者、视频监控、犯罪实验室结果（DNA），以及控方律师提出的其他要求，都可能导致对犯罪现场进行额外的检查。从法律上讲，只要犯罪现场仍然有价值，执法部门就有权控制犯罪现场，直到犯罪现场正式公布。一旦被公布，如果调查需要额外的访问权限，可以执行搜查令来保护或恢复额外的证据。大自然可以对证据的证明价值施加时间限制。如果不能及时收回，证据的自然溶解或犯罪现场的清理可能会导致证据的消失。

在我看来，一旦犯罪发生，调查员可以通过犯罪现场和犯罪方式推理出有多少罪犯参与其中，以及交易的性质、攻击的方法等。然而，草率做出结论是不明智的，除非有确凿的事实支持自己的观点或预感。调查员必须保持开放的心态，允许调查揭露真正的嫌疑人。

我认为，要做好工作就必须喜欢你的工作。作为一名调查员，我为自己的工作感到自豪，我相信我的调查能够有一个结果，这能给那些受到影响的家庭带来慰藉。我真心地期待那些被伤害的人能有一个新的开始。我通过寻找具有挑战性的案例、参加继续教育和培训研讨会以提高执法领域的专业知识。我还会在执法之外的领域接受额外的培训，这些领域可能会对我的职业发展产生影响，如领导力、心理学、危机谈判和社区拓展。个人及职业的发展是保持刑事调查前沿地位的关键。虽然许多调查员更喜欢专攻某一领域，只处理他们专业领域内的案件（例如，性犯罪调查员专注于性犯罪，抢劫案调查员只处理抢劫案），但我认为一个调查员应该精通所有的犯罪。具体而言，让罪犯承认罪行是一项需要时间发展和完善的技能，拥有丰富的经验基础有助于该技能的发展。

参考文献

Bex, F., T. Bench-Capon, and K. Atkinson. Did he jump or was he pushed? Abductive practical reasoning. *Artificial Intelligence and the Law*, 17, 2009: 79–99.

Byrne, J. M., and A. Roberts. New directions in offender typology design, development and implementation: Can we balance risk, treatment and control? *Aggression and Violent Behavior*, 12, 2007: 483–492.

Canter, D., C. Missen, and S. Hodge. Are serial killers special? *Policing Today*, 2 (10), 1997: 2–11.

Cavan, S. Review: Midwest and its children. Class report, 1962. http://cdclv.unlv.edu/archives/interactionism/documents/cavan_62.pdf.

Gibbons, D. C., and K. A. Farr. Observations on the development of crime categories. *International Journal of Offender Therapy and Comparative Criminology*, 34, 1990: 223–237.

Gottfredson, M. R., and T. Hirschi. The methodological adequacy of longitudinal research in crime and delinquency. *Criminology*, 1987: 581–614.

Holmes, S. T., and R. M. Holmes. *Sex crimes: Patterns and behaviors*, 3rd ed. Thousand Oaks, CA: Sage Publications, 2008.

Jamrozik, A. *Social policy in the post-welfare state: Australians on the threshold of the 21st century*. Frenchs Forest, Australia: Pearson Education, 2001.

Jang, S. J. Age varying effects of family, school and peers on delinquency: A multi-level modeling test of interactional theory. *Criminology*, 37, 1999: 643 – 685.

Johnson, S. L. *Therapist's guide to clinical intervention: The 1 – 2 – 3's of treatment planning*. New York: Academic Press, 2004.

Josephson, J. R., and S. G. Josephson. *Abductive inference: Computation, philosophy and technology*. New York: Cambridge University Press, 1994.

Krisberg, B. *Juvenile justice: Redeeming our children*. Thousand Oaks, CA: Sage Publishers, 2005.

Leonard, D. P. Character and motive in evidence law. *Loyola of Los Angeles Law Review*, 34, 2001: 439 – 536.

Lindesmith, R., and W. Dunham. Some principles of criminal typology. *Social Forces*, 19, 1941: 307 – 314.

Mears, D. P., and S. Field. A closer look at the age, peers and delinquency relationship. *Western Criminology Review*, 4, 2002: 20 – 29.

Menninger, K., and M. Mayman. Episodic dyscontrol: A third order stress adaptation. *Bulletin of the Menninger Clinic*, 20, 1956: 153 – 165.

Mills, H. *Artful persuasion: How to command attention, change minds and influence people*. New York, NY: AMACOM, 2000.

Morrison, A. P. *Cognitive therapy for psychosis: A formulation-based approach*. New York, NY: Brunner-Routledge, 2004.

Rufo, R. An investigation of online sexual predation of minors by convicted male offenders. Dissertation. Argosy University, Atlanta, GA, 2007.

Thornberry, T., A. J. Lizotte, M. D. Krohn, M. Farnworth, and S. J. Jang. Delinquent peers, beliefs and delinquent behavior: A longitudinal test of interactional theory. *Criminology*, 32, 1994: 47 – 83.

Turvey, B. *Criminal profiling: An introduction to behavior evidence analysis*, 4th ed. Oxford, UK: Academic Press, 2012.

Van Zandt, C. Criminals motives are elusive investigators. 2006. www.msnbc.msn.com/id/11481546/ns/msnbc.tv–the_abrams_report/t/criminals-motives-are-elusive-investigators/ (accessed May 21, 2012).

Walton, D. Teleological argumentation to and from motives. *Law, Probability and Risk*, 10, 2011: 203–223.

Walton, D., and Schafer. *Character evidence: An abductive theory.* Berlin: Springer, 2006.

Williams, E., and R. Barlow. *Anger control training: The anger control training guide*, vol. 2, part 3. London: Winslow Press, 1999.

Wood, P. B., R. Grove, J. A. Wilson, and J. K. Cochran. Motivations for violent crime among incarcerated adults: A consideration of reinforcement processes. *Journal of Oklahoma Criminal Justice Research Consortium*, #1, 1994: 75–93.

Xu, R., Pang, W., and Huo, Q. *Modern inorganic synthetic chemistry.* Cincinnati, OH: Anderson Publishing Co., 1994.

第六章
性侵犯与动机性犯罪

当意识到对自己和周围的世界知之甚少时，真正的智慧就会降临到我们身上。

——苏格拉底（Socrates）

学习目标

- 了解虐待儿童和儿童性虐待的范围。
- 熟悉受害儿童的症状模式。
- 了解什么是暴力循环及其在未来暴力行为中的作用。
- 了解性犯罪者的特点和特质（线上和线下）。
- 熟悉其他性心理障碍，即跟踪和偷窥。

关键词

儿童色情作品（Child pornography）

暴力循环（Cycle of violence）

二元滥用（Dyadic abuse）

爱抚（Fondling）

乱伦（Incest）

猥亵（Molestation）

掠夺性行为（Predatory behavior）

性侵犯（Sexual assault）

性剥削（Sexual exploitation）

男性间性行为（Sodomy）

一、虐待儿童与儿童性虐待及其影响

(一) 虐待儿童

虐待儿童是指对儿童的虐待和剥削,通常由男性家庭成员实施。虐待儿童会使儿童处于危险之中,而且极有可能对他们造成严重伤害。本章将以性虐待、身体虐待(非意外伤害)、情绪虐待(行为虐待)和漠视(遗弃)作为主要讨论的类型。

根据美国卫生与公众服务部儿童与家庭管理局的报告(2011年):
- 每10秒就会有一起虐待儿童事件发生。
- 每天有超过5名儿童死于虐待。
- 大约80%受虐致死的儿童都在4岁以下。
- 由于虐待而死亡的儿童中,有50%~60%没在死亡证明中记录。
- 儿童虐待发生在社会经济的各个层面,跨越种族和文化的界限,存在于所有宗教,存在于所有受教育水平人群中。
- 40.5%的儿童虐待是由生母实施的。
- 17.7%的儿童虐待是由生父实施的。
- 19.3%的儿童虐待是由父母双方共同实施的。
- 6.4%的儿童虐待是由母亲和其他人实施的。
- 1.0%的儿童虐待是由父亲和其他人实施的。
- 11.9%的儿童虐待是由父母以外的人实施的。
- 3.2%的儿童虐待是由未知的犯罪者实施的。

(二) 儿童性虐待

鲁福(Rufo, 2011)的研究表明,性犯罪涉及以下行为:

- 性唤起、刺激、挑衅或兴奋。
- 分析、感知、合理化或验证。
- 计划、操纵、诱导或说服。
- 隐秘、亲密、隐匿或谨小慎微。
- 剥削、虐待、操纵或施加影响。

鲁福（Rufo，2011）指出，儿童性虐待是指成年人或年长的兄弟姐妹与在法定年龄之前的儿童发生的性侵犯或其他任何性行为。最常见的性虐待类型被称为二元关系，即一个受害者和一个罪犯。美国许多州将性侵犯定为重罪，可判处长期监禁。惩罚的期限通常由罪犯和受害者的年龄差距决定。如果罪犯是成年人，法院通常会增加最低刑期。成年性罪犯往往需要满足严格的释放条件。罪犯通常是家庭中与孩子有直接或间接关系的男性成员。大多数性侵犯者本身就是性侵犯的受害者。性虐待包括性接触或用手、嘴、物体或性器官进行（侵入）抚摸。儿童可能被迫脱去衣服、暴露身体、观看色情作品、观看成人脱衣或从事性活动。由于施虐者倾向于与孩子建立信任关系，并且很有可能对孩子拥有权威地位，所以通常不会进行体罚。一些涉及儿童的越轨性行为包括：

- 性侵入，包括性交和男性间性行为。
- 性接触，包括触摸、亲吻或爱抚。
- 手淫或用手刺激生殖器。
- 口腔与生殖器接触。
- 自我表现欲。
- 接触色情物品。

施虐者不遗余力地掩盖自己的性侵犯行为，他们往往认为自己的性行为是可以接受的，不一定会对儿童造成伤害。受到性侵犯的儿童可能由于受到威胁或不了解所发生的情况而不揭发其行为。另外，他们可能会被自己同时感受到的生理刺激，以及事件明显的隐蔽和潜在的威胁所迷惑。虐待的证据会表现为身体上的症状，如皮疹、红肿、肿胀、淤伤或生殖器区域的损伤、被褥或内衣上的血或分泌物，或与儿童年龄不相适宜的性知识；对他人的挑逗或诱惑行为；在儿童有能力保持夜间干燥后尿床（儿童突然出现的尿床现象）；同龄人关系的衰退；对与虐待有关的人、地方或物体的恐惧；在学校行为或表现的改变。此外，年龄较大的儿童或青少年可能会无意识地发泄情绪或退缩，他们可能会吸毒或酗酒、自残或抑郁寻死。

利奇（Leach, 2011）认为，性侵犯行为与性行为的关系较小，而与侵犯行为的关系较大。性侵犯是对权力的错误认识。性施虐者可能会重新体验自己的虐待经历，只是这一次，权力角色发生了逆转。施虐者可能认为这种行为是重新获得控制权的一种方式。施虐者往往是孤独的，他们没有能力发展健康的成人关系。因此，十分有必要对他们进行治疗。有时，经历过性虐待的男性儿童会感到内疚和愤怒。这种愤怒表现为沮丧和报复。而报复会导致儿童长大后对他人施虐。瓦伦特（Valente, 2005）认为，遭受性虐待的男孩可能会有损害社会关系和自我毁灭的行为。这些儿童经常会感到被背叛，并经常会问为什么这种可怕的经历会发生在他们身上。无论是在该种行为发生时还是成年后，受害者经常会感到一种羞愧感和无力感，甚至是自我价值的丧失。

最令人不安的是，当今社会的性罪犯更倾向于对一个无辜受害者实施肆意的肉体上的侵犯。性虐待儿童的成年人被大众认为是社会上最严重的离经叛道者。艾库斯（Arcus, 1998）明确指出，性虐待发生时，儿童往往是被迫或被骗与成人或更大的儿童发生性接触，这时，他们没有被征求同意，而且也没有足够的成熟度来理解行为的本质。沃拉克（Wolak, 2003）等儿童性虐待领域的权威专家解释了受害者所经历的痛苦，包括对他或她的性身份的困惑、对获得和给予关爱的困惑、低自尊、抑郁、缺乏信任，以及内疚、羞耻、焦虑和对成年人权威失去尊重。

鲁福（Rufo, 2011）认为，如果一个儿童性骚扰者知道有人在监视他，他将很难找到机会在不被发现的情况下虐待其受害者。最近的研究发现，社会对虐待儿童的容忍度有所提高。关于虐待儿童及其造成的损害的报道很少。家庭成员知道这种虐待正在发生，而且通常是发生在一个年幼无知的儿童身上，很难理解他们怎么能视而不见。性侵犯者通常会针对那些表现出低自尊特征的儿童。如果一个儿童有习惯性撒谎的倾向，性虐待者就会利用这一点，因为大多数人不会相信这个儿童。这给了性虐待者额外的信心和力量。通常，儿童会用沉默来保护朋友、家人、父母或爱人。不揭露虐待的沉默是一个儿童在他的余生经常会忍受的最无助的顶点。

发现虐童行为和问题的一种方法是对儿童行为变化加以关注和察觉。最近有研究表明，儿童可能会表现出一些特殊的症状，而这些症状往往能说明问题的存在。我们敦促家长和教师在注意到这些具体的问题迹象时，要勤于观察且保持敏锐。有一些症状或指标会表明儿童曾遭受性虐待。儿童对性虐待的反应可能有许多不同的方式，但存在几个明显的迹象：

- 原因不明或意外地尿床。
- 洗澡次数过多。
- 没有原因地不愿意和某人在一起。
- 待在家里，不想去亲戚或朋友家里。
- 做噩梦。
- 没有理由地哭泣。
- 不想上学，经常胃痛。
- 变得沉默寡言。
- 直肠或阴道出血（内衣、睡衣、衣服上有血）。
- 排泄物中带血。
- 走路困难或坐不稳。
- 不寻常的感染，生殖器附近的组织肿胀。
- 性传播疾病或原因不明的皮疹。
- 隐藏他们的感情，不让别人知道他们受到了虐待。
- 接受发生在他们身上的事情，不告诉任何人。
- 表现出愤怒的迹象或行为。

（三）儿童色情作品

鲁福（Rufo，2011）发现许多性侵犯者不仅会利用互联网观看和传播儿童色情作品，而且会与年轻受害者见面并成为朋友，甚至操纵受害者与他们发生性关系。他们不仅用互联网来认识潜在的受害者，而且还用它来互相交流。许多专家认为，大多数涉及儿童的性接触都直接涉及儿童色情作品，而儿童色情作品与儿童遭受身体虐待的可能性之间有着明确的联系。

2009年，伯克和赫尔南德斯（Bourke and Hernandez）研究了儿童受害和儿童色情作品，并比较了两组参与自愿治疗项目的儿童色情作品罪犯：

（1）在司法判决时已知的性犯罪史包括持有、接收或分发虐待儿童的图像，但不包括任何实际的性虐待。

（2）有过类似犯罪记录的男性，至少对一名儿童受害者实施过性侵犯。

伯克和赫尔南德斯（2009）的调查结果显示："在他们的样本中，网络犯罪者明显更有可能通过亲身实践来性侵儿童。"

二、性暴力

美国疾病控制中心（The Centers for Disease Control，CDC）和预防中心将性暴力定义为："未经双方同意，阴茎和外阴之间或阴茎和肛门之间涉及的完全插入或试图接触；未经双方同意，口腔和阴茎、外阴或肛门之间的接触；未经双方同意，用手、手指或其他物体插入另一人的肛门或生殖器口；未经双方同意，有意直接或通过衣服触摸生殖器、肛门、腹股沟、乳房、大腿内侧或臀部；或未经双方同意的非接触性行为，如偷窥和言语或行为性骚扰。"所有上述行为，如果是针对无法同意或拒绝的人而实施的，也可以被定义为性暴力。

杰弗瑞·罗伯茨（Jeffery Roberts）是芝加哥的一名退休警探，曾在性与犯罪团伙部门工作。据他所说，性暴力在很大程度上是一个被误解的领域。罗伯茨进一步指出，只需考虑性犯罪固有的人类行为的几个方面，就可以理解这一主题的复杂性和流动性，例如：

- 性犯罪可以是身体暴力，也可以是非身体暴力。

- 性犯罪可以对人、无生命物体或动物实施。
- 性侵犯者可能会首选对儿童采取行动。
- 对他们来说，性欲倒错行为是其性心理愉悦的必要条件，是其犯罪行为的组成部分。
- 有些罪犯对自己犯下的罪行感到懊悔和内疚，而另一些人则完全没有懊悔。
- 有些仪式化的性侵犯者会构建出复杂的幻想来对他们的受害者做出反应。
- 通过幻想儿童忍受的虐待获得性刺激，以及通过手淫增强性唤起和性满足。
- 有些罪犯冲动行事，很少或根本没有预谋，只是为了满足当下的需要。
- 情绪上的需求在虐待儿童后得到满足，这些通常来自低自尊人群。

三、暴力或虐待循环

暴力循环被认为是通过恐吓和强迫的性接触对顺从者的身体暴力的重复行为。反复出现的暴力行为伴随着高涨的情绪和报复。

虐待孩子的父母很可能自己也受到过虐待。这是遗传导致的还是环境因素？虐待是父母所知道的生活，也是孩子将会记住的生活。这个恶性循环会被打破吗？大多数父母后悔他们所做的事，这是由于他们对自己的所作所为感到内疚，也可能是他们意识到了被警方发现的后果。一些父母会对自己无礼的性行为进行治疗或咨询，但是也有一些父母会再次犯罪，继续对他们的孩子或其他家庭成员进行性侵犯。孩子们会为隐瞒或透露所发生的事情而感到内疚，因为他们可能会看到家庭破裂或父母一方或双方被送进监狱。父母会一直提醒孩子如果家庭破裂将会发生什么。未来，孩子们将很有可能继续这种循环。

（一）特征与罪犯模式

每一个种族、国家和宗教都存在性罪犯和儿童性罪犯，他们的行为似乎只是为了获得性满足。鲁福（Rufo，2007）证实，许多性罪犯和性侵犯者来自不正常的家庭。"在一个不正常的家庭中长大"可能解释了性侵犯者需要从儿童那里寻求爱、关心和安慰的原因。这种功能紊乱的模式成为许多连环罪犯生活中的主要因素。

（二）自恋特质与个性

许多研究连环性罪犯的权威专家发现，这些罪犯通常有自恋倾向——因为他们完全以自我为中心。有自恋特征的人通常会否认自己自私、傲慢或自负。连环性罪犯往往对受害者缺乏同情心，特别是当他们利用自己的魅力和说服力引诱毫无戒心的受害者时。那些具有自恋人格的人有能力熟练地欺骗所有人，而不带任何道德负担。他们有一种不可思议的本领，即在追求性满足的过程中找到一种方法来避免抵抗。

（三）性欲倒错

享受正常的性活动与享受畸形或异常的性行为是有区别的。对变态性行为的异常吸引被称为性欲倒错，几乎所有的恋童癖者都有这种特征。历史证明，许多遭受过极度虐待或漠视的儿童后来成为最猖獗的侵犯者。研究表明，大量心理学家认为，许多性反常行为可以追溯到恋童癖者的童年，尤其是如果他们在受到过度的性虐待、惩罚或漠视后，被迫从精于算计和投机取巧的行为中寻求安慰。

德曼（Doermann，2002）声称，性欲倒错与一些人认为正常的性行为不同，因为这些行为每天都会带来巨大的痛苦，尤其是当他们无法抵抗性冲动和强烈的性欲望时。许多有这种障碍的恋童癖者经常通过某种形式的刺激被性唤起，如幻想、儿童色情作品或其他图形。正是通过这些强烈的性冲动或性幻想，恋童癖者才会与青春期前的儿童发生性行为。性侵犯者面临的性欲倒错问题包括焦虑、承担法律后果、额外的性功能障碍及正常的社会关系问题。研究表明，他们通常与父母或亲密的家庭成员关系不佳。

性欲倒错包括幻想、行为和冲动，会涉及非人类的性对象，如鞋子或内衣，或需要自己和伴侣承受痛苦或耻辱。

四、性变态

德曼（Doermann，2002）认为性变态与性兴奋有关，而这种性兴奋通常是指不正常的、怪异的或变态的性幻想。性变态是指一个人的性唤起和性满足依赖于异常情景或物体的幻想主题，而这个主题成为性行为的主要焦点。性妄想症可以围绕一个特定的性对象或一个特定的异常性行为展开。德曼认为性反常与性兴奋障碍有关，因为性刺激和性幻想引起的性兴奋是这两种障碍的共同特征。对于一般人来说，这种性行为和情爱冲动是不正常的。性欲倒错的性质通常是特定的、不变的。大多数情况下，性欲倒错在男性中比在女性中更为常见，并且涉及儿童或其他非自愿的伴侣。

五、网络犯罪与互联网

保护儿童网的唐娜·赖斯·休斯（Donna Rice Hughes）指出，在没有互联网的时代，恋童癖者通常是单独行动的。在此之前，恋童癖者从未有过像其在网络上这样自由和直接交流的机会。在互联网上相互交流为他们的行为提供了虚拟的验证，他们分享真实的或想象的战利品。恋童癖者会讨论如何在网上联系和引诱儿童，并与其他恋童癖者交流引诱技巧。他们利用互联网技术来训练和鼓励对方与儿童发生性行为。互联网还充当了他们交换警示的工具，以避免执法机关的发现。

米德尔顿等人（Middleton et al.，2006）进行了一项调查，他们研究了沃德和西格特（Ward and Siegert，2002）提出的儿童虐待路径模型与五种不同类别性侵犯者行为之间的关系。网络罪犯样本可以根据他们的主要缺陷分为五个不同的路径模型，这一事实表明，网络罪犯群体不是一个同质群体，其内部的多样性与其他性罪犯群体一样，如都存在强奸犯或儿童性骚扰者。这也表明，网络罪犯样本与其他性罪犯群体有着相似的心理缺陷。性侵犯者可能属于这五种类型中的一种，或者他们可能在其他类型中有共同的迹象或指标。

第一类是亲密及社交技能缺失，这是网络罪犯最常见的类型。这个群体中的性侵犯者通常在维持人际关系方面存在问题，他们可能在被其他成年人拒绝后，用与儿童的亲密行为作为替代品。这类人显示出高度的情绪孤独。沃德和西格特（2002）假设这一群体的主要形成机制为：缺乏安全感的依恋模式导致低水平的社交技能和自尊。沃德和西格特详述了性虐待行为的主要原因：他们需要与另一个人发生性关系来缓解孤独或弥补缺乏的亲密感。网络罪犯会在孤独和不满的时候被吸引到互联网上。他们认为儿童不可怕，更容易接受成为伴侣。这种类型的性侵犯者会围绕儿童引起性冲动，并会在孤独或被拒绝的特定时间冒犯他人。

第二类是扭曲性行为罪犯。这个群体中的性侵犯者本身可能是性虐待的受害者，或者在很小的时候就接触过性。表现出这种行为的个体通常通过性接触来寻求安慰和亲密感，并将性作为一种安慰策略。被归类为扭曲性行为的罪犯对被拒绝很敏感。这类性侵犯者的性行为被视为纯粹的性行为。此类人害怕亲密，倾向于不带感情的性行为，而这会导致沮丧和不快。这种不快会扩展到性侵犯时被拒绝或难以经营关系的时候。性扭曲的人可能会转向儿童色情作品来满足他们的性和情感需求。这些性侵犯者很少表现出对儿童的偏好，他们使用儿童色情作品是为了消除被拒绝的风险。这类罪犯在成人关系中表现不佳。

第三类是情绪失调性罪犯。这类人将性作为一种应对策略，他们在识别情绪、愤怒和个人痛苦方面存在困难。这类性犯罪者可能会在情绪不佳的时候，利用互联网接触成人和儿童色情作品，并增加快感。他们通过将其行为外化为"失控"来为自己辩护，并通过性唤起来满足自己的情绪。

第四类是反社会认知性侵犯者。顾名思义，这个群体对性行为和性侵犯有许多反社会的态度和信念。他们觉得自己比儿童优越，经常为与儿童的性接触寻找借口。这些性侵犯者通常不会表现出任何异常的性倾向，但他们会通过制造可能导致儿童性侵犯的机会来满足自己的需求。这类人很少考虑自己行为的后果，这让人觉得他们对自己的行为不负责任。他们在互联网上使用儿童色情作品，可能只是其不道德的观点和行为的延伸。冲动行为和机会主义的生活方式会增强他们的满足感。

第五类是多重功能失调的性侵犯者。这些罪犯表现出反社会的行为和情感上的孤独，并利用一切机会获得性满足。构成这种"纯粹的恋童癖"行为的罪犯往往很难控制自己去欺骗儿童。儿童是他们首选的性伴侣，这些人认为成人和儿童之间的性关系是"理想的"。利用互联网上的儿童色情内容来获得性满足，可能是他们性虐待和恋童癖行为的一个补充。这种性侵犯者的主要目标是通过直接的性接触来虐待儿童。

六、性瘾

性瘾表现为对性的极度痴迷。性瘾者常常对性有持续不断的想法和幻想，其中往往包括异常强烈的性冲动。性瘾者对性接触的想法几乎控制了整个思想和思维方式，使他们很难建立健康的人际关系。根据卡恩斯和威尔逊（Carnes and Wilson, 2005）的研究，性瘾被定义为一种持续的性行为模式。这种性行为体现了三个主要特征：①无法可靠地阻止性行为；②尽管有潜在的或实际的有害后果，性行为仍在继续；③对性行为的被迫追求。性瘾可以和其他上瘾行为进行比较，因为它们有很多相似之处。一个性瘾者会有与其他上瘾行为类似的冲动和欲望，就像一个酒鬼不得不再喝一杯，或者一个吸毒者只想着获得快感。这是满足渴望的真正的需要。

贝努托和祖帕里克（Benuto and Zupanick, 2009）认为，性瘾者被性思想占据，并从事危险的性行为。这种行为会导致传统关系的不和谐。还有一个用来描述性瘾的术语是强迫性性行为。目前尚不清楚有多少人患有这种疾病，但据专家的普遍估计，美国有3%~6%的人患有性瘾。强迫性性行为通常开始于青春期晚期或成年早期。专家们还不确定是什么导致一个人对性上瘾。可能是一个人童年早期的性经历或性事件。研究表明，更常见的情况是，人们在小时候受到性侵犯后，会对性上瘾。

那些有性瘾的人也可能有大脑缺陷，这使他们无法判断性瘾的危险和负面影响。另外，性成瘾的人可能由于冲动控制受损，会立即寻求性欲望的满足而不顾后果。不管是什么原因，性瘾者都可能通过观看色情作品、进行网络性爱、与他人或性工作者发生性行为来寻求刺激。这使他们面临许多威胁生命的疾病（如艾滋病）、法律问题（如购买儿童色情制品）和经济损失的风险。

性瘾者有无数不同的想法和幻想，他们想要探索。性瘾者会想起性或者实现他们的性幻想，而且会通过想到他们的受害者而享受高潮。性瘾者可能只是在自己的脑海中演绎，也可能将他们的幻想付诸行动。性瘾者对自己的行为进行合理化和正当化并不罕见，他们经常在这一过程中指责他人。他们通常会否认自己有问题，并为自己的行为找借口。

男性对性上瘾的比例比女性高，而大多数有性瘾的男性都否认自己性上瘾。治疗这种瘾就像治疗其他瘾一样：首先，这个人必须承认和接受他有一个问题。性成瘾治疗的重点是控制成瘾行为，即帮助一个人控制他的破坏性行为。性瘾的治疗包括健康的性教育、个人咨询或支持团体。这些互助小组，通常被称为性瘾者互助协会，模仿了酗酒者互助协会的12步康复计划。对于医院、社区中心和支持团体来说，每天开会是例行的工作。性瘾者常常面对面坐成一圈。他们首先宣布自己的名字，并向群体承认自己是性瘾者。大多数参与者（大多数是男性）轮流承认他们的性想法和性冲动，他们谈论自上次会议以来遇到的问题（冲动）。

性瘾者互助协会在一些方面可以帮助性瘾者。支持小组了解个人的经历，知道这是一个过程，需要时间、奉献和承诺才能成功。群体总是为了情感上的支持而存在，特别是当性瘾者存在可能导致他复发的性倾向时。

许多改过自新的性瘾者自愿成为他人（特别是团体中较新的成员）的个人援助者。新成员经常需要与援助者建立直接私人联系，这不仅是为了支持，更是为了防止任何复发迹象的发生。对于性瘾者及其援助者来说，每天互相检查是很正常的。一个援助者和一个只需一个电话就能出现的核心支持小组使性瘾者意识到他并不孤单。支持小组可以帮助性瘾者了解他性冲动的触发因素，管理他的行为，并对他的独特行为进行控制。

以下行为通常与性瘾有关：
- 强迫性手淫（持续自我刺激）。
- 多段婚外情。
- 多个性伴侣、匿名性伴侣或一夜情。
- 持续使用色情作品（在某些情况下是儿童色情作品）。
- 不安全的性行为。
- 电话或电脑性爱（网络性爱）。
- 卖淫或召妓。
- 自我表现欲。
- 通过征婚广告强迫约会。
- 偷窥（观察别人）或跟踪。
- 性骚扰。
- 猥亵和强奸。
- 卖淫嫖娼。
- 感到压力或焦虑时，对某种形式的性满足的强迫感。

七、性暴力的人

被认定为性暴力的人，必须具备三个条件：
（1）个人必须因列举的性犯罪而被定罪。
（2）根据《精神疾病诊断与统计手册》，患有精神障碍的罪犯。
（3）其评估结果被认为是"大概率"，罪犯再次犯罪的可能性很大。

八、窥阴癖（偷窥）

偷窥是一种通过窗户、门或在任何看不见侵犯者的地方观察陌生人的行为。窥阴癖（又名偷窥狂）是一种犯罪行为。犯此罪的人企图观看陌生人脱光衣服或观看他人进行性行为。根据法伦（Fallon，2003）博士的研究，窥阴癖是一种性心理疾病，一个人通过观察裸体和生殖器或者观察他人的性行为来获得性快感和满足。偷窥者通常隐藏在别人的视线之外。偷窥被认为是性欲减退的一种形式。偷窥的另一种形式是听色情对话。这通常被称为"电话性爱"，比如偷听不知情的人。

大多数偷窥者的目的是观察那些毫无戒心的人，他们赤身裸体，正在脱衣服，或者正在进行性行为。被观察的人对观察者来说通常是陌生人。偷窥的行为是为了达到性兴奋的目的。观察者通常不寻求与被观察者发生性接触或性行为，性高潮是通过手淫来达到的。这可能发生在观察行为中，也可能发生在观察行为之后，这取决于对被观察行为的记忆。偷窥者可能幻想与被偷窥的人发生性行为。在现实中，这种幻想很少实现。

九、跟踪

跟踪是指一个人故意从事骚扰行为，使受害者惊慌、害怕或恼怒。这种侵犯和威胁行为是一种严重的犯罪行为，五分之一的女性和较多数量的男性都曾受到影响，这让他们担心自己的安全。跟踪者并不认为他们的行为是犯罪，甚至他们并不认为这种行为是错误的。众所周知，跟踪者试图与目标直接或间接地沟通。跟踪者往往拥有高于平均水平的智力。他们会不遗余力地获取感兴趣的人的信息。跟踪者寻求对受害者无条件和绝对的控制，并常常对他们所追踪的人着迷。大多数跟踪狂都患有某种精神疾病，最常见的是反社会人格障碍、妄想症、精神分裂症或具有妄想思维。

经常有跟踪狂滥用毒品或酒精，这可能会导致攻击性行为和暴力行为。

跟踪者在追求目标时表现出类似的行为并不少见。一些比较常见或典型的跟踪行为包括：

- 电话骚扰。
- 多次呼叫。
- 意外停机。
- 在电话接通后沉默不语。
- 恐吓、挑衅或挑逗的通话。
- 在受害者的家、工作或娱乐场所附近游荡。
- 放在受害者的汽车或个人财物上的，使受害者能够看到的性礼物或信件。
- 干预或干涉受害者的个人财产。
- 当受害者独自一人时，对他或她进行接触或骚扰。
- 限制和控制受害者的行动自由。
- 发送电子邮件或信件。

其他与跟踪狂人格一致的特征包括：

- 不接受否定的答案，不轻易放弃。
- 有强迫症的性格。
- 智力高于平均水平。
- 没有或很少有私人关系。
- 很少为自己的行为感到尴尬。
- 经常缺乏自尊或自我价值感。
- 反社会的思想和逻辑。
- 刻薄而固执。

有一类特殊的跟踪狂是爱恋跟踪狂（色情狂）。这种跟踪狂对其受害者有爱慕之情。这类人会尽其所能帮助他的"受害者"。他们不尊重个人界限，往往会侵犯受害者的个人生活。这种类型的跟踪者通常会将受害者的任何小举动解释为对跟踪者的友好表现。跟踪者可能是以前的熟人、朋友、同事、情人或配偶。跟踪者完全被他们的猎物所困扰，在他们追求或追击受害者时，他们不会接受威胁、否认或敌对行动。他们总是相信受害者对自己的爱和宽容。色情狂通常是孤独的，他们完全相信自己的妄想和持续的想法、幻想和计划。当他们感到沮丧时，会表现出暴力和报复心，而他们计划好的局面注定要失败。

加里·立昂·里奇韦——"绿河杀手"

加里·立昂·里奇韦（Gary Leon Ridgway），也被称为"绿河杀手"，他承认杀害了48名女性。而在他被捕后，DNA证据表明，除了他承认的罪行，他还杀害了另外4名女性。然而，他杀害的女性很可能比他承认的要多得多——他声称自己"记不清"杀死的女性的实际数量。里奇韦选择了没有人真正关心的女性受害者：妓女、逃亡者、失踪或无家可归的女性。他在1982—1984年最活跃，杀人时处于单身状态。

他出生在华盛顿的奥本，11岁时举家迁出。他的智力低于平均水平，在高中时成绩不佳。他有一个非常霸道的母亲，这导致其童年充满不幸。众所周知，里奇韦在工作中反复无常。他时常带着一本《圣经》，谈论教堂和救赎；但他又经常与性工作者厮混，在工作中与女性调情，还习惯性酗酒。

里奇韦更倾向于在发生性行为后勒死受害者，但他也与其中6名受害者在死后发生了性关系。大多数情况下，当他杀死受害者时甚至不知道她们的名字——第一次见面就杀死了她们。里奇韦声称，他想要杀死尽可能多的性工作者，而且经常在性交过程中杀死她们。最终，在例行的调查工作中，他因在多起妓女失踪案件中出现而遭到怀疑：他是所有受害者的共同交点。里奇韦十分配合调查，并承认了自己的罪行。目前，他正在华盛顿的瓦拉瓦拉监狱服刑。

| 参考文献 |

Arcus, D. Encylopedia of childhood and adolescence. In *Gale encyclopedia of public health*.

Florence: Gale Group Publishers, Cengage Learning, 1998.

Benuto, L., and C. E. Zupanick. Sexual desire disorders—Hyperactive sexual aversions disorders. 2009. www.mental help.net/poc/view_doc.php?type=doc&id=29725&cn=10 (accessed 2012).

Bourke, M. L., and A. E. Hernandez. The "Butner study" redux: A report of the incidence of hands-on child victimization by child pornography offenders. *Journal of Family Violence*, 24 (3), 2009: 183–191.

Carnes, P. J., and M. Wilson. The sexual addiction assessment process. In *A review of clinical management of sex addiction*, ed. Richard B. Krueger and Meg S. Kaplan. New York: Routledge, 2005: 3–20.

Centers for Disease Control. Uniform definitions for sexual violence. 2006. www.cdc.gov/ViolencePrevention/sexualviolence/definitions.html (accessed January 1, 2012).

Doermann, D. J. *Gale encyclopedia of medicine*. Florence: Gale Group, Cengage Learning, 2002. www.cengage.com (accessed February 1, 2012).

Fallon, L. F. *Gale encyclopedia of mental disorders*. Florence: Gale Group, Cengage Learning, 2003.

Hughes, R. 2010. http://www.protectkids.com/dangers/onlinepred.htm.

Leach, M. A. Interview by Ron Rufo. LCPC, therapist (December 1, 2011).

Middleton, D., I. Elliott, R. Mandevillenorden, and A. R. Beech. An investigation into the applicability of the Ward and Siegert pathways model of child sexual abuse with Internet offenders. *Psychology, Crime and Law*, 12 (6), 2006: 589–603.

Rufo, R. An investigation of online sexual predation of minors by convicted male offenders. Dissertation. Argosy University, Atlanta, GA.

Rufo, R. *Sexual predators among us*. New York: Taylor & Francis, 2011.

Valente, S. M. Sexual abuse of boys. *Journal of Child and Adolescent Psychiatric Nursing*, 18 (1), 2005: 10–17.

Ward, T., and R. J. Siegert. Toward a comprehensive theory of child sexual abuse: A theory knitting perspective. *Psychology, Crime and Law*, 8, 2002: 319–351.

Wolak, M., K. Mitchell, and D. Finkelhor. *Internet sex crimes against minors: The response of law enforcement*. Washington, DC: U. S. Department of Justice – Office of Juvenile Justice and Delinquency Prevention, 2003.

第七章

连环及暴怒杀手

有道德的人满足于幻想一个邪恶的人到底做了什么。

——柏拉图

学习目标

- 理解大规模杀戮者和疯狂杀手之间的区别。
- 定义不同类型的连环杀手。
- 探讨连环杀人的各种理论。

关键词

冷静期（Cooling-off period）

遗尿（Enuresis）

享乐主义型（Hedonists）

大规模杀戮者（Masskiller）

任务型（Missionaries）

施虐主义（Sadism）

连环杀手（Serial killer）

疯狂杀手（Spree killer）

幻想型（Visionaries）

一、引言

1984 年，为了获得研究连环谋杀案的资金，美国政府采取了一项孤注一掷的行动——他们声称，每年有 5000 人成为连环谋杀案的受害者。这个数字被大幅夸大，但它是如何形成的仍然是个谜。显而易见，资金的发放和数据的收集使得媒体与谋杀的关系开始渗透到流行文化娱乐中，并产生了大量关于挑战连环杀手的错误信息和对其的沉迷。

二、谋杀类型

连环杀手通常被定义为多重凶杀罪犯（Multiple Homicide Offender，MHO），然而，也存在涉及多个受害者的其他类型的凶杀案，所以有必要进行一定程度的明晰。连环杀手的一般分类主要与受害者的数量和发生时间有关。

（一）大规模杀戮

根据美国联邦调查局（2010）的说法，"大规模杀戮是指在同一事件中发生的多起杀戮（四起或四起以上），这些杀戮之间没有明显的时间间隔，而凶手通常是在一个地点杀害许多受害者，比如 2007 年在弗吉尼亚布莱克斯堡发生的弗吉尼亚理工大学枪击案。""独特的时间段"指的是不同的杀戮、不同的场合或冷静期之间的时间间隔。区分大规模杀戮和连环谋杀，时间上的突破是必要的。

希基（Hickey）编制了一份大规模杀戮的分类汇编（2010），其中包含了四位研究人员的工作。由于分类太多，我们并未完全接受分类的细分。为了使其更具价值，分类应尽可能简单和直接，这就需要简明而全面的分类。下文列出了希基所确定的全部类别清单，以便读者能够做出自己的决定。

（1）家庭杀手或歼灭者——杀死自己的家人，然后自杀的人。这类家庭通常在此之前有过家庭暴力问题或与当地执法人员发生冲突的情况。家庭争吵通常涉及酗酒、金钱问题或监护权问题。通常情况是男性在家庭中首先杀死孩子，使配偶承受痛苦，然后再杀死配偶。

（2）获利谋杀——为获取物质（土地、金钱、珠宝等）利益而杀人的人。贪婪通常是这类人的杀人动机，因为所有或部分奖励都是给罪犯的。

（3）性谋杀——以性折磨、强奸和杀害他人为主要目标的个人，这是一种相对罕见的事件（Levin and Fox，1985）。表现出性虐待行为的罪犯很可能属于此类杀手（例如，"山姆之子"和"波士顿绞杀魔"）。

（4）枪支爱好者——迷恋枪支和谋杀幻想的人（Dietz，1986）。有一些事情很有可能使某人被触发，使其愤怒杀戮，向他的受害者开枪。对武器的收集可能会正向增强个人对力量和控制力的追求。

（5）执行计划杀手——计划中有逃脱的人。这类杀手会设想在作案后得以逃脱。他们很可能会计划自己的杀戮，而不是随机选择受害者。他们会在熟悉的地域作案。"绿河杀手"就是这类罪犯的典型案例。

（6）精神病杀人凶手——患有急性精神病的人，以及法律定义的精神病患者。这种杀手可能有家族功能障碍的历史。H. H. 霍姆斯（H. H. Holmes）与埃德·盖因（Ed Gein）较为符合此类描述。

（7）心怀不满的杀人凶手——为真实的或想象的错误寻求报复的人，通常来自雇主或同事。在工作场所发生的泄愤或暴力行为会导致许多无辜雇员失去生命。这类杀手通常痴迷于枪支，并认为在工作中受到的任何训斥都是人身攻击。积怨的愤怒往往会导致同事和领导的死亡。这种类型的人往往最终会结束自己的生命。

（8）使徒——在别人的命令下杀人的个体，如查尔斯·曼森（Charles Manson）的追随者。

（9）意识形态上的集体杀戮者——能够说服他人自杀或杀死他人，或者两者兼而有之的个体，如大卫·考雷什（David Koresh）和大卫教派。

（10）制度上的大规模杀戮者——在领导人的命令下顺从犯罪的个人。

（二）疯狂的随机杀戮

"疯狂的随机杀戮"指的是在几天的时间里，在不同的地点杀害多人。随机杀戮者通常在杀害一个受害者后,以相当快的速度将目标转移到另一个受害者身上。随机杀戮很少见,随机杀戮团队更是罕见,但是如果存在,那么这个团队通常由占主导地位的领导者和顺从的"情人"组成。将随机杀戮作为谋杀的一个独特类别是否有价值呢?2010年美国联邦调查局再一次就该议题进行讨论。基本原理主要集中在这样一种观点上,即真正构成"冷静期"的那些模糊参数,使随机杀戮和连环杀人在执法上的区别毫无意义。其结果是,随着时间的推移,随机杀手和连环杀手之间的区别可能会消失,整个行业将趋向于简单地将连环杀手作为一个类别。

纽约吉尔戈海滩谋杀案

香农·吉尔伯特(Shannon Gilbert)被报告失踪,此前她在克雷格列表(提供服务和分类广告的免费网站,经常被许多人浏览)上认识了一个陌生人,之后没有回过家。2010年5月,她曾在纽约萨福克县的吉尔戈海滩地区寻求帮助,这是她最后一次露面。吉尔伯特是众所周知的性工作者,经常使用克雷格列表招揽客人。香农·吉尔伯特在吉尔戈海滩附近的失踪导致可怕的9名(或可能10名)女性凶杀案被发现。

吉尔戈海滩风景如画,植被茂盛,吸引了许多外来度假者及当地居民。令人震惊的是,人们在4~5英里长的海岸线上发现了多具女性尸体,这让这个小社区的许多居民感到担忧,因为可能有一个或多个连环杀手在此地游荡。这是一起不同寻常的刑事案件,虽然有相似的证据,但到目前为止没有任何关联。其中4名受害者被包裹在粗麻布袋中(这是具有相同标签的连环杀手的标志)。其他5~6名受害者(包括一名婴儿和部分遗体)则没有任何迹象表明她们是被同一个人杀害的。

受害者之间有一些相似之处,因此最有可能的解释是存在连环杀手,包括:

(1)每个受害者都是众所周知的性工作者(并且经常与陌生人在

一起很长时间)。

（2）每个受害者都使用克雷格列表招揽客人（约翰斯）。

（3）每个受害者都使用或滥用毒品。

（4）每个受害者都过着流动的生活，在一段时间内（每次几天到几周）不在家很常见。

（5）每个受害者都有抑郁和情绪低落的症状。

警察发现了第一具尸体后，他们就开始利用搜寻犬和尸体犬进行搜寻，并邀请骑警、警校生和志愿者来协助搜索整个地区。地方和国家新闻媒体迅速将注意力集中在犯罪和发现的证据上。调查人员调查了大量可能的线索，包括受害者和罪犯是如何走到一起的，是否存在DNA证据的可能性，以及谋杀者的数量。

截至撰写本书时，尚未有任何嫌疑人被指控是吉尔戈海滩谋杀案的凶手。

（三）连环谋杀

连环谋杀是指同一罪犯在不同的案件中，杀害两名或两名以上的受害者。美国联邦调查局将一种犯罪行为归类为连环谋杀需要三个独立的要求：

（1）杀死两名或更多受害者。

（2）在三个或三个以上的独立地点活动。

（3）谋杀之间有一段冷静期。

在有关连环谋杀的证据中，案件在不同时间段发生这一特征往往是其第一个指标。例如，参照前期的案件，每具尸体都处于不同的腐烂状态，这表明谋杀发生在不同的时间，进而支持至少有三次不同的谋杀案件的结论。同时，我们可以假设，由于认识到谋杀发生在不同的时间，因此罪犯在每次谋杀之间也有一段冷静期。

三、基本人口统计资料

需要注意的是，连环杀手不分性别、年龄或种族，不限于任何特定的人口群体，因为它们跨越了多个人口类别。然而，有一些特征仅仅因为被统计数据证明是正确的而被调查人员所依赖。也就是说，除非有其他证据，否则调查人员利用已知信息构建他们的侧写是合理的。

（一）性别

关于性别，公认的事实是大多数罪犯都是男性，事实也是如此。截至2012年9月，美国已知的男性连环杀手所占的百分比为91%（Aamodt, 2012）。

（二）种族

根据种族划分连环杀手可能会产生误导。公众的看法是，大多数连环杀手是白人，非白人连环杀手很少见。最近的研究也证实，连环杀手中占较大比例的是白人男性。而执法指标显示，近年来，不仅黑人连环杀手（五分之一的连环杀手是黑人）有所增加，黑人受害者也有所增加。

（三）年龄

在研究年龄的影响时，我们会遇到很多挑战，其中最重要的一点是，是否应该根据初次越轨❶、初犯杀人、初犯被抓等情况来考虑罪犯的年龄。行业研究报告一般采用罪犯第一次杀人的年龄。在该模型下，阿莫特

---

❶ 指经常表现出反社会行为，如行为控制不良和早期儿童行为问题，包括青少年犯罪。

(Aamodt，2012）的研究认为，男性第一次杀人的平均年龄为 29 岁，女性为 30.9 岁。

(四) 智商

虽然媒体的报道倾向于将连环杀手描述为智商高的人，但这些发现并没有得到研究的支持。阿莫特（2012）的数据显示，从整体上看，连环杀手的智商是正常水平，其平均得分在 95.1 左右。认为连环杀手智商高的看法始于西奥多·邦迪（Theodore Bundy）——一名自称是法律系的学生，实际上从未完成过任何课程的杀手。媒体喜欢将连环杀手描绘成聪明、狡猾的人。连环杀手往往能够处置多具尸体并且逃避抓捕，因此媒体倾向于延续连环杀手具有高智商这一概念。然而，现实往往大不相同。唯一已知的高智商（155~165）连环杀手只有西奥多·卡钦斯基（Theodore Kaczynski）。

现实情况更多的是，大多数连环杀手是非技术工人或蓝领，如工厂工人、勤杂工和承包商。许多连环杀手在高中毕业后没有继续接受教育。格罗弗·戈德温（Grover Godwin）的研究发现，在他研究过的 107 名连环杀手中，只有 16% 的人上过大学，而在这些人中，只有 4% 的人真正大学毕业了（Fox and Levin，2001）。

四、既有侧写

(一) 麦克唐纳三要素

麦克唐纳三要素指的是，连环杀手具有以下几种特征：①12 岁以上的遗尿症；②残酷虐待动物；③纵火行为。

1. 遗尿

遗尿，或夜遗尿，是指儿童在正常情况下应该控制膀胱的年龄（5 岁或 5 岁左右）之后，睡觉时不受控制地排尿。根据典型特征可分为一级遗尿（受试者夜间从未干燥过）和二级遗尿（经过长时间的夜间控制后再次尿床）。遗尿是一个复杂的问题，由多种医学、生理、行为和环境因素引起，事实上，遗尿甚至可能与基因有关❶（Jayatunge，2010）。现代医学研究没有表明尿床与暴力行为有关。相反，医学研究清楚地表明尿床是由多种物理原因引起的，如膀胱小、阻塞或结构异常，或致病性原因，如尿路感染等（Urinary Tract Infections，UTIs）。此外，心理学研究人员认为，突然的情绪不稳定、家庭危机（暴力、死亡、离婚）、虐待儿童和极端欺凌都可能导致遗尿（Jayatunge，2010）。在刑事司法领域，尽管有顽强的支持者不愿放弃麦克唐纳三要素在预测未来暴力中的作用，但现代研究似乎表明，比起侵害，遗尿更可能反映的是受害（Hargan，2009；Fekkes et al.，2006；Roesler et al.，1993）。

2. 虐待动物

美国联邦调查局对 20 世纪 70 年代的 35 名连环杀人犯进行了研究，并记录了他们童年时期虐待动物的历史，从而进一步证明了虐待动物与后来的人际暴力之间存在联系。雷斯勒等人（Roesler et al.，1988）利用美国联邦调查局对连环杀手的研究方法，对性谋杀犯进行了研究，发现在 36 名性谋杀犯中，有 28 人具有一定的童年特征。在这 28 人中，约 36% 的人在儿童时期曾犯下虐待动物的罪行，约 46% 的人在青少年时期曾犯下类似的罪行。尽管早期的研究结果并不充分，但执法人员普遍认为，虐待动物预示着未来的暴力行为。

尽管这种行为被认为是"危险信号"，但在 1993 年，阿肖内（Ascione）

---

❶ 如果父母一方尿床，孩子尿床的可能性为 40%；如果父母双方都尿床，孩子尿床的可能性为 70%。

认识到"虐待动物"一词尚未被准确定义，而这妨碍了对数据的有效分析。他试图为虐待动物提供一个清晰、有用的定义，这个定义将成功地捕获可能导致未来暴力的行为，同时将合法或社会可接受的行为排除，如狩猎、农业或从事兽医工作。阿肖内的研究结果已成为明晰虐待动物行为的行业标准定义（图7.1）。

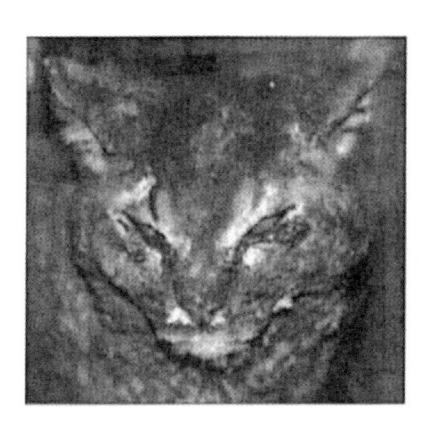

图7.1 猫被淋上易燃液体，然后被点燃

故意造成动物不必要的痛苦，使其遭受伤害或困苦甚至死亡，这是社会不可接受的行为。

由于虐待动物的行为并非总能被报告或发现，研究人员必须使用发展心理学领域的数据（包括心理病理学报告、入学记录或囚犯的自我调查报告）来确定问题的严重程度。这些方法在运用方面存在挑战，但是在这些违法行为的报告变得更加标准化之前，它们是提供此类数据的唯一手段。事实上，2012年3月，新泽西人道协会代表进行的一次个人访谈指出，当未成年人虐待动物的案件得到证实时，这些未成年人被要求接受教育干预，而不是正式的处罚，从而规避了进行适当的记录保存，并失去了长期追踪的机会。

阿肯巴克（Achenbach，1991）从父母和监护人那里收集了关于2600个因心理问题而转介至精神病诊所的青少年（4~16岁）的报告，并将其与2600名未转介的青少年进行了比较。他得出结论：①男性（18%~25%）；②对比参照的青少年（7%~34%与0~13%）；③幼儿，对动物虐待的倾向最大。此外，他报告说，按性别进行分析，从童年到青春期，男性的虐待行为表现出更大的稳定性，而女性随着年龄的增长，其残酷的虐待行为似乎有所减少。

其他研究也表明，虐待动物与各种反社会行为之间存在联系，但这些行为并不局限于暴力行为（Arluke et al., 1999）。研究人员进一步声称，在暴力犯罪之后，犯罪者对动物的伤害行为与他们在犯罪之前的行为一致，这当然会让人对虐待行为导致犯罪行为的假设产生怀疑，从而对假设提出质疑。

理论的基本前提是相信儿童在沮丧时会寻找较弱的个体来发泄情绪，而这个个体通常是动物。美国联邦调查局监督特工艾伦·布兰特利（Allen Brantley）表示："虐待动物……并不是健康个体的无害发泄；这是一个警示信号……应予以准确看待。这是一个明确的指标，心理问题往往会导致人类暴力犯罪。"

3. 纵火

就纵火和暴力犯罪之间的关系而言，研究人员还没有找到任何证据证明单一的纵火行为是未来暴力行为的警示信号。实际上，纵火也不可能是暴力的唯一先兆。在许多文献中，纵火作为共患病症（Wax and Haddox, 1974; Lindberg et al., 2005）或已经存在的行为障碍的症状而被提及（Jacobson, 1985）。

伯内特和斯皮策（Barnett and Spitzer, 1994）提倡在纵火行为中同时考虑个人因素和环境因素。我们同意这项建议，因为刑事司法正朝着承认其在多学科实践中的地位迈进。为了更好地理解导致未来暴力的青少年纵火行为的复杂性，下文将从各个视角进行介绍（个人和环境），然后对调查进行总结概括，以帮助执法人员在采访期间进行调查。

（1）个人指标。就个人特征而言，应先确定所提及的青少年纵火的数目。1985年，韦恩·伍德第一次尝试对罪犯类型进行分类，但目前的行业标准是联邦应急管理协会（Federal Emergency Management Association, FEMA）广泛接受的出版物《青少年纵火犯干预手册》（Gaynor, 1997）中提出的青少年纵火犯类型。该手册根据年龄、未来行为的特定风险水平和特定动机，仔细定义了每一类青少年纵火犯。这种逐步的描述可以让读者根据未来的暴力行为来确定感兴趣的人群。

大卫·伯科维茨

大卫·伯科维茨（David Berkowitz，又名"山姆之子"）是一个多动的孩子，他经常被取笑欺负。许多人认为他文静但很古怪。尽管伯科维茨的智商很高（118），但他却表现出妄想和偏执的迹象。

伯科维茨很小的时候就承认在自己住的社区里放了数百起火，甚至在日记中记录了他的强迫症，说他已经纵火1500多起。伯科维茨也喜欢虐待动物，他甚至声称自己通过喂食有毒的清洁液，杀死了母亲的宠物鹦鹉。

伯科维茨最终承认，1976—1977年，他在纽约市杀害了6人，但后来他又撤回了自己的说法，说自己并不是所有杀人案件的罪魁祸首，他只对其中的3起案件负责（Ewing, 2008; Scott, 2007）。

1）按年龄划分的相对风险。本部分将介绍年龄的细分及其与确定未来暴力行为的关系。

①放火趣味。这是预先设定的类别，描述了儿童对火的正常迷恋。此行为发生在3～5岁的儿童中。他们对火的迷恋被认为与童年的自然发展是一致的，并且如果这种行为仅限于这个年龄段，则不被认为是危险行为的征兆。这是最常因好奇心而受伤的人群，因为他们缺乏呼救的语言能力，也缺乏认识火灾潜在危险的常识。虽然在这一点上，火灾教育和干预是值得的，但没有迹象表明这个年龄对火的迷恋是将来发生偏差的标志。但是，这种情况假定不存在其他危险因素，例如情绪障碍或家庭功能障碍。

②点火。此类别表示已开始尝试使用"点火源"的未成年人，但由此产生的行动并非预期的结果。通常他们的年龄为3～9岁，而且行为通常不受破坏的驱使。这些行动更符合好奇心和赋权。可悲的是，由于儿童不愿寻求援助，许多火灾迅速失控，结果可能是致命的，而且往往代价高昂。这一阶段是进行消防安全教育和干预的好时机。

③放火。这一类是指10~17岁的青少年故意放火的行为。这些青少年知道如何防火,所以这种行为暗示他们想要造成伤害。虽然在这个年龄放火不是心理或社会问题的自动反映,但这些因素不应立即排除。因为在这个年龄放火可能预示着更深层次的问题,下列方面可以作为未来问题的迹象:

• 利用火吸引注意力,以期在心理或社交方面寻求帮助,以应对某些危机。

• 有计划的行动(通过预先收集易燃材料来指示)。

• 是否存在其他目标,这些目标是对放火者具有重要意义的事物或地点。

• 很少报警,因为放火者更喜欢看着大火燃烧。

④纵火。此类别用于描述具有纯粹违法行为的病理性火灾制造者。这类人经常患有精神障碍或精神疾病,有意破坏某些东西。但是,考虑到精神疾病是一个因素,个人可能无法控制自己,通常,这些行为被归类为犯罪行为。

澄清一下,本部分内容最感兴趣的未成年人是那些属于点火、放火和纵火阶段的人。

2)特定风险水平。除了根据纵火的年龄来划分青少年的相对风险,盖纳(Gaynor,2002)还将与这些行为相关的风险划分为微小风险、明确风险和极度风险。

①微小风险。这类青少年的动机主要是好奇心和尝试放火的欲望。微小风险涵盖了60%~70%的无监督火灾。由于该类人群经常对教育或干预工作做出积极反应,因此他们不被认为有在未来犯罪的巨大风险。

②明确风险。表示未来行为具有"确定风险"的青少年占纵火人数的30%~40%。这类人可以进一步分为两大类:问题型和过失型。

问题型青少年通常被描述为那些"大声呼救"的人,他们试图为自己的心理困扰寻求帮助,如家庭功能障碍、虐待或漠视。任何在这个阶段的心理干预都有可能有助于防止未来的犯罪行动,但如果潜在的心理问题没有得到解决,未来的偏差就有可能发生。

少年犯与问题少年的不同之处在于，他们的行为表现为具有攻击性、越轨或犯罪行为。这些行为持续的时间越长，干预越不成功，越轨行为就越有可能成为常态。

③极度风险。只有不到1%的纵火青少年被归类为具有极度危险。这些人通常患有精神和心理疾病，其行为超出了现有干预计划的范围。他们被视为对自己和他人具有重大风险的人群。因此，他们的行为通常由刑事司法系统处理。

3) 动机。纵火行为的种类（Canter and Almond, 2002）可能与罪犯的类别有所重叠，但其对动机和种类的交集提供了更全面的见解，进而为调查人员提供了更大的视角。四种行为动机包括：青少年失序、恶意、情绪表达和犯罪隐瞒。考虑到纵火可能成为未来偏差的标志，因此这些动机结构中的每一个都值得研究。

①青少年失序。青少年失序进一步分为两类：好奇心和故意破坏。因为"对火的好奇心"已经被作为一个正常的成长阶段进行了讨论，所以这个类别将不再赘述。

故意破坏的行为确实值得进一步讨论。大部分现有数据（Swaffer, 1993; Strachan, 1981）及关于这个主题的研究表明，这些行为与问题青少年走向犯罪的连续性是一致的（见上文）。因此，如果犯罪特征被认为与故意破坏行为相一致，这可能表明存在犯罪轨迹的指标，那么这名青少年应该被推荐参加积极的干预和教育项目——不仅是为了预防纵火，也是为了防止未来的犯罪倾向。

②恶意。恶意动机表明，火已经超越了"工具"的角色，而被用作"武器"。在仇恨犯罪、恐怖事件或目的是报复的行动中，通常就是这种情况。恶意犯罪通常只涉及一名罪犯，并且经常会出现助燃剂。若犯罪目标在社会上具有重要意义（例如，教堂或政治机构），则意味着纵火犯为群体或独狼。

③情绪表达。寻求关注或用火寻求帮助的少儿可能属于此类。此外，这里还包括具有英雄情结的人或患有代理患者孟乔森综合征的人。简而言之，这种分类涵盖了那些认识火并选择使用火替代自己的言语或行动的

人，因为他们认为自己无法或无法以传统方式表达自己或自己的需求。

对于这些人来说，愤怒是现实中一种常见的情感，因此，他们需要立即干预，因为如果这些行动继续下去，他们可能会使自己和他人面临重大风险。

情感类别中包括对纵火癖的分类。虽然"纵火癖"这个术语在心理健康专业人士中越来越不受欢迎，因为他们更喜欢具体的、可以治疗的诊断结果（反社会人格障碍、对立违抗症、精神分裂症等），但它仍作为一种历史存在的精神错乱形式而存在。美国内战后，关于个人责任的担忧出现在个人行为和理论中，这些理论认为大脑可能患病，但思想却不患病。纵火演变成一种依赖于个人道德构成的行为，并因此成为一种非医疗问题而受到法律惩罚。1985年，纵火癖作为一种精神疾病再次出现，引出了对关于惩罚和康复效果问题的讨论（Gelle et al., 1986）。无论诊断结果如何，这种情况通常指一个人从火灾中获得快乐或满足。这不仅有助于抓住那些留下来观看火灾的纵火犯，还会捕捉到那些渴望置身于火灾现场的混乱和兴奋之中的人。

这些火灾是纵火者的享乐收益，我们有理由认为，在没有干预或无能为力的情况下，他们将继续其行为，损害私人或社会基础设施。

④犯罪隐瞒。它涉及：个人使用火来隐藏犯罪；寻求经济利益，如保险欺诈。犯罪隐瞒被用来销毁法医证据或掩盖受害者的身份。很明显，有这类犯罪行为的人表明他们与犯罪活动有更大程度的牵连，我们可以有把握地推断，这类人很可能会演变成纵火犯。在这些场景中，经常出现的涉及刑事司法系统的线索是值得寻找的。

就犯罪的经济动机而言，罪犯的长期犯罪行为并没有得到保证。这些因素依赖于社会和经济的现实情况。例如，汽车零部件的转售价值是多少？废金属的补偿率是多少？犯罪者的经济现状如何？

综上所述，需要注意的是，在犯罪侧写方面，盖纳（Gaynor, 2002）认为三个等级的风险类型具有相应的人格特征。

一想到火，我就感到无穷的力量！啊，多么快乐，多么神圣的快乐！

——约瑟夫·卡林格（Joseph Kallinger）

（2）环境指标。为了展示可能会导致未来犯罪行为的环境因素，建议考虑以下因素，这些因素已通过研究证明它们可以警示发生火灾的危险行为，包括：火灾的位置、同龄人参与、材料、性别和目标的意义。

1）火灾的位置。早期的火灾大多发生在家中或住所周围。这些区域通常是院子，如果在室内则通常是卧室。低风险人员放火时选择这些位置是为了有助于隐藏他们的行动。这些青少年会表现出懊悔，而火灾往往是起火的意外后果。

高危青少年通常在行动中表现出更大的计划性，这意味着火灾不一定发生在自家附近，它们可能发生在空地、废弃的建筑物或树木繁茂的地方等，这表明尽管远离了家，他们仍想要隐藏自己的行为。也许正因为如此，侧写人员应仔细考虑纵火目标，因为它仍然可能有一定的意义（例如，学校建筑）。

高危青少年犯下的罪行相当于犯罪案件。他们的行为常常是冲动的、无法控制的。因此，火灾的位置不一定可以预测，对侧写人员而言帮助不大。

2）同龄人参与。着火事件中多名青少年的出现暗示着他们中可能有一个年龄较大的个体。然而，大多数放火者和年轻的纵火者很可能会独自行事。这种现象与同龄人关系和独立性增强（暗示无人监督的活动）等方面的成熟发展是一致的。

存在问题的青少年经常会遇到社会问题，使他们难以维持友谊。未成年人在犯罪时可能会变得很兴奋。当他们纵火时，尤其兴奋。对经常感到无聊的青少年来说，做一些破坏性的事情可能带来既危险又兴奋的感觉。青少年是易受影响的，不用费多大力气就能使另一个青少年"胆大妄为"或被怂恿去犯危险的纵火罪。纵火通常是许多青少年在同龄人中寻求关注、名声和地位的一种方式。斯通和福克（Stone and Faulk, 1999）指出，一旦相对正常的年轻人与占主导地位或心理失常的年轻人分离，他们就不会再放火。

3）材料。初犯者和青少年纵火者通常使用易于取用的材料。这个特征也与一次性或冲动行为相一致，这可能是由于未能隐藏证据而导致的。与这种行为相一致的证据通常是用过的火柴、烧焦的玩具、烧焦的纸、灰烬等。

年长的或重复纵火的人用他们的行动展示了某种程度的计划，例如，易燃材料的收集，购买打火机或打火机液等。这些人已经从单纯的好奇心发展到故意点火来观察或控制它。

4）性别。男性和女性都有放火和纵火的行为，但是和其他犯罪行为一样，男性比女性更经常纵火。数据表明，有11%~15%的女性参与纵火活动（Snyder，1997），但这个数字似乎在增加，可能高达18%（Zipper and Wilcox，2005）。然而，值得注意的是，这一增加可能表明报告方法有所改进或认识有所提高，而不是女性活动实际有所增加。自20世纪80年代中期以来，女性参与其他犯罪活动的人数也不断增加。据美国司法部的数据，女性在犯罪案件中所占比例稳步上升，从1985年的19%升至2007年的27%。

5）目标的意义。特定目标的重要性有时很难确定，因为目标并不总是对青少年有价值。然而，研究表明：①女性往往会将目标对准受害者的某些特定的价值；②仇恨正在成为一种动机因素。当女性进行放火时，她们的目标通常是对受害者有特殊意义或价值的物品（如车辆），因为她们的动机往往是报复；而当男性有报复的动机时，他们的行为更有可能是广泛的和有破坏性的（Canter and Almond，2002）。

另一个新的因素是仇恨在纵火目标选择中的作用。最近的几篇文章表明，仇恨动机是破坏财产的关键（Janes，2011；AP，2011；DOJ，2011）。

从调查的角度来看，目标不仅在确定动机及因此确定纵火的类型方面起着至关重要的作用，还可以提供有关罪犯特征的有价值的数据（例如，有组织的与无组织的，请参阅第五章）。

（二）犯罪前科

遵纪守法的公民突然走上杀戮之路，对影视剧来说是吸引观众的，但不一定是现实的。哈伯特和莫克罗斯（Harbort and Mokros, 2001）从各种变量上分析了连环杀手的背景，发现79%的连环杀手曾被判有罪。这一发现早于坎特等人（1997），他们分析了217名美国连环杀手的犯罪背景，发现其中75%的人有犯罪前科。值得注意的是，这些调查结果的意义不仅在于干预的可能性，而且在于他们以前因何种罪行而被逮捕。连环杀人案很少独立于其他罪行发生。通常，这些行为是嵌入在其他犯罪行为中的（如入室盗窃、强奸），而这些先前的行为可以表明犯罪的演变。坎特等人1997年对连环杀手的研究发现，22%的人有暴力犯罪前科，24%的人有盗窃等严重财产犯罪前科，17%的人有吸毒前科，16%的人有性犯罪前科，近一半的人在青少年时期有被捕的经历。

不过，关于慢性暴力罪犯的历史数据仍然缺乏，令人震惊的是，当调查慢性暴力罪犯的前科时，许多人发现，"相对于犯罪历史变量而言，这些罪犯似乎更注重心理因素、社会和针对犯罪的措施等因素"（DeLisi and Scherer, 2006: 373）。收集历史数据的困难是由以下几个因素造成的：①许多连环罪犯从未有过谋杀行为，而且即使他们的确进行了谋杀，也很少会进行连环谋杀；②许多连环罪犯在被捕前或被捕期间死亡；③尽管可以获得官方数据，但尚不清楚在没有抓获罪犯的地方是否发生了其他案件。现有的数据表明，以前的犯罪史和连续犯罪之间存在关联，但目前还不清楚这种关联是什么。

本章中提到，即使不是暴力犯罪，也应该密切注意犯罪历史的收集和这些犯罪的性质。特别是入室盗窃作为一种有意义的先发性犯罪，其重要性在于，这可能表明一种掠夺性思维的存在，这种思维常常与其他掠夺性犯罪同时发生，如强奸（Douglas and Olshaker, 1998）。

（三）既往精神病史

精神变态者和反社会者的标签是否仍然适用，学术界存在一些争议，这些术语通常分别指一种精神疾病和社会教养的产物。然而，越来越多的该领域的专业人士正在转向一种更具医学特征的模式，并提倡使用反社会人格障碍（Antisocial Personality Disorder，ASP）来称呼那些以前可能被归类为精神变态者或反社会者的人。一个人被诊断为反社会人格障碍，必须至少具备以下特征中的三个特征：

- 反复实施能够被依法逮捕的行为，在合法行为方面未能遵守社会规范。
- 欺骗性，如反复说谎、使用别名，或为了个人利益或乐趣而欺骗他人。
- 冲动或未能提前计划。
- 易怒和具有侵略性，如多次的身体打斗或攻击。
- 不顾自己或他人的安全。
- 持续不负责任，表现为不能持续工作或未能履行财务义务。
- 缺乏悔意，表现为冷漠或合理化自己的行为，如伤害、虐待或偷窃。

只有当这些症状在一个人的18岁之后出现，他才会被确诊为反社会人格障碍，因为许多症状都与情感的成长和成熟相一致。对于未成年人而言，其初步的诊断结果是行为障碍。行为障碍的诊断是一个问题的暗示，但并不带有与反社会人格障碍相同的病耻感。目前的研究认为，对反社会人格障碍的诊断需要有15岁之前存在某些行为的证据；然而，《精神疾病诊断与统计手册（第5版）》（*Diagnostic and Statistical Manual of Mental Disorders*，DSM）却放弃了这一定义，并由此得出了与罗伯特·海尔（Robert Hare）的精神病诊断结果几乎相同的结论。精神病诊断符合海尔对精神病的定义，海尔精神病检核表已成为刑事司法系统衡量治疗结果、制度调整、再犯和暴力行为的基准（Hare，1991），这使精神病诊断行业具有更大的应用价值。海尔的清单列出了大多数精神病患者共有的个性特征，包括以下几点：

- 自私、冷酷和无情地利用他人。
- 花言巧语、肤浅的魅力（油嘴滑舌、吸引人的、华而不实）。
- 自我价值感（对个人能力的夸大、自尊、自大和优越感）。
- 谎话连篇。
- 欺骗、控制欲强（通过欺骗他人以获取个人利益）。
- 缺乏忏悔心和负罪感（对他人的损失、痛苦、苦难漠不关心）。
- 情感贫乏（有限或深度的感情）。
- 麻木不仁、缺乏同理心（对他人缺乏感情，冷漠、轻蔑、不顾他人感受）。
- 无法为自己的行为承担责任。

就社会特征而言，他们被描述为长期不稳定、过着反社会和离经叛道的生活：

- 需要刺激、容易厌倦（过度需要新的、令人兴奋的刺激和冒险）。
- 寄生的生活方式（对他人的经济依赖）。
- 行为控制差（频繁的言语辱骂和不恰当的愤怒表达）。
- 乱交（大量短暂、不分场合的性行为）。
- 缺乏现实的、长期的目标。
- 冲动。
- 不负责任（反复不履行或不履行承诺和义务）。
- 青少年犯罪（13~18岁的犯罪行为问题）。
- 早期行为问题（13岁之前）。
- 撤销有条件释放（违反假释要求或其他有条件释放的要求）。
- 短暂的婚姻关系（缺乏对长期关系的承诺）。
- 犯罪多样性（犯罪的多样性，无论个人是否被逮捕或被定罪）。

尽管社会普遍认为连环杀手一定是疯子，但多项研究发现，结果恰恰相反。事实上，精神错乱是一种法律定义，旨在确定一个人在犯罪行为中的罪责和责任程度。

五、类型

有一些方法可以对连环杀手进行分类,但是霍姆斯和蒂尔堡(Holmes and DeBurger, 1988)提供了一种新的分类方法,将连环杀手分为四大类:幻想型、任务导向型、享乐主义型和权力控制型。请注意,这些不是确定或详尽的类别,因为连环杀手可以随时表现出所有这些症状,也可以不表现出任何症状。

(一)幻想型

幻想型的人通常与现实脱节,可能患有精神病或精神分裂症,并被异想天开的幻想或"脑海中的声音"所驱使,进而进行谋杀。他们的受害者通常是陌生人,这些受害者之所以被选中,是因为他们代表了一类人(例如性工作者、母亲、雇主),而不是某一个特定的人。幻想型是连环杀手中最少见的一种,他们的谋杀往往是自发的、无组织的。例如,加里·里奇韦。

(二)任务导向型

任务导向型杀手认为他们的使命是杀死某些人,比如妓女和同性恋。这些行为是由个人目标(而不是声音)产生的,通常反映了"修复"事物的欲望。例如,通过杀害吸毒者来消除疾病和社会腐败。受害者往往被视为不值得或被抛弃的人,不太可能被人挂念。这些罪犯知道他们在做什么,知道这是错误的,并期待社会对自己进行谴责。他们的行动往往是精心策划的,受害者大多是陌生人。在别人看来,他们很正常,而且通常在就业和社会成就方面享有一定程度的成功。例如,大卫·伯科维茨。

(三) 享乐主义型

大多数连环杀手都是享乐主义者。他们杀人是为了纯粹的刺激和快乐,而这种刺激通常来自残忍和变态的性行为。目前有两种类型的享乐主义杀手:惊悚型杀手和情欲型杀手。

一个以刺激为导向的杀手一想到杀戮就会感到兴奋。这是一种施虐主义的元素,其定义是通过施加痛苦、残忍、堕落或羞辱,或目睹这种行为强加于他人而获得快乐。

尽管情欲型杀手精心策划了犯罪事件,但他们还是将重点放在了性行为上。施加的痛苦增加了罪犯的性快感,并且他们通过虐待完全陌生的受害者来获得个人满足感。除了性满足问题,这些罪犯通常以正常关系过着正常的生活。

一些作者(Vronsky,2004)通过增加诸如"黑寡妇"和"利润杀手"这样的子类别,对这一类别进行了扩展,这些子类别相当于女性连环杀手。为了保持分类的简短和易于理解,我们遵从霍姆斯和蒂尔堡(1988)建立的四个基本分类,同时承认在更广泛的方法中存在着独特的亚种。

(四) 权力控制型

尽管几乎总是涉及性活动,但权力控制型杀手通过对受害者施加全部权力而不是"嗜血"来获得更大的满足感。这些人的行为很难与欲望或寻求刺激的行为区别开来,因为它们具有许多相同的特征。关键的区别在于,犯罪行为仅基于建立在对其他人的完全控制权之上。权力也是犯罪的关键因素,有时会发生对受害者的性虐待,但这仅是展示权力的一种手段。当发生杀戮事件时,他们常常是虐待狂。例如,泰德·邦迪。

六、动机

美国联邦调查局（2010）曾试图确定连环杀人犯的具体动机。查明调查动机是执法的标准程序。成功地识别罪犯的动机为警方提供了在罪犯未知的情况下缩小潜在嫌疑人范围的方法。由于大多数杀人案是由受害者认识的人犯下的，警方通常首先关注那些与受害者关系密切的人。对于大多数谋杀案的调查来说，这是一个成功的策略，但对于连环谋杀案来说，这并不总是有效的，因为涉案方并不了解受害者或与受害者之间不存在相互的关系。

罪犯和受害者之间缺乏关联，是连环谋杀调查与其他犯罪调查的典型区别。由于这些调查通常缺乏罪犯和受害者之间的明显关联，调查人员被迫缩小调查范围。系列谋杀案犯罪现场可能会有一些奇怪的特征，这可能会给动机的确定蒙上一层阴影。连环杀人犯在犯罪现场的行为可能会在整个犯罪过程中不断演变，表现出罪犯与受害者之间的不同互动。同样重要的是，要记住，可能有不止一个罪犯，这实际上使确定一个单一的动机变得极其困难。除了上述特征，在构建连环犯罪的潜在动机时，美国联邦调查局建议还应考虑以下几点：

- 犯罪可能存在多重动机。
- 动机构建应限于犯罪现场可见的行为。
- 要认识到即使动机已被确定，在识别连环杀人犯时可能也没有帮助。
- 专注于动机构建（而非罪犯身份识别）可能会破坏调查。
- 要认识到所受伤害的程度不能确切地等同于动机。
- 接受罪犯选择受害者是基于可接近性、脆弱性和合意性。可接近性是指受害者的生活方式或受害者所处的环境，允许罪犯接近受害者；脆弱性是指受害者易受攻击的程度；合意性是指受害者对罪犯的吸引力。可涉及基于罪犯动机的许多因素，可能包括罪犯的种族、性别、民族背景、年龄或罪犯确定的其他具体偏好的因素。间接地说，连环杀人案件的第一个指标是两个或两个以上的案件能够通过法医或行为证据联系在一起。

七、因果关系

大多数调查人员可能会问一个关于连环杀手的问题：是什么导致此人犯下这些罪行？大多数情况下，调查人员会研究犯罪者的行为、教养或他们成长的环境，这些因素可能会导致某个事件发生，从而使某个孩子变得叛逆甚至有报复心。是否有任何生物学因素或遗传因素在异常行为中起作用或影响异常行为？

根据美国联邦调查局《连环谋杀报告与出版物》（2010），因果关系可以定义为一个基于生物、社会和环境因素的复杂过程。除了这些因素，个人还有能力选择是否从事某些行为。既然不可能确定所有影响人类正常行为的因素，也就不可能确定所有影响一个人成为连环杀手的因素。

从受孕到死亡，人类一直处于不断发展的状态。行为受到中枢神经系统接收和处理的刺激的影响。神经生物学家认为，神经系统对环境敏感，因此可以在整个生命周期中塑造各个神经系统。社会应对机制的发展在孩子很小的时候就开始了，并随着孩子学会与同龄人互动、协商和妥协而不断发展。在一些个体中，由于没有建立足够的应对机制而导致暴力行为。儿童时期的漠视和虐待已被证明会增加未来暴力的风险。滥用药物能够而且确实导致更多的侵犯和暴力行为。有记录显示，头部严重受伤的人即使在没有暴力史的情况下，最终也会变得出现暴力行为。

专家和心理学家一致认为，连环杀手在其成长过程中有许多标识、因素或原因。这些因素会促使个人决定继续犯罪。这些标识不限于生物学特征或倾向、社会扭曲认知和心理触发因素。虽然具体原因尚不清楚，但美国联邦调查局（2010）已经确定了经常在犯罪现场出现的独特的杀人行为和动机。连环杀手的一些共同特征包括：

- 连环杀手有自己独特的动机或理由。

●大多数连环杀手在他们成长的某个阶段通过暴力获得性满足。

●大多数连环杀手通常对受害者缺乏悔恨或同情，对自己的行为没有负罪感，有冲动的行为特征或倾向，要控制他人，并有掠夺性行为。

●大多数连环杀手综合运用个人魅力、操控、恐吓和偶尔的暴力手段来控制他人，以满足自己的自私需求。

●大多数连环杀手通常表现出自恋的倾向，被认为是自私和自负的人。他们会对自己的聪明才智和躲避抓捕的技巧洋洋自得。他们通常被认为是病态的说谎者，有着自负的自我价值感和肤浅的魅力。

性暴力被视为人类行为的一个复杂领域，因为这种思维模式是犯罪意图和人类性行为的融合。那些成为连环杀手的人往往在儿童时期就被暴力和施虐所影响。乔尔·诺里斯（Joel Norris，1989）指出，暴力循环与连环杀手早期不正常的生活有着直接的联系。在许多连环杀手的生活中，存在其他的明显因素和问题：

●专横、冲动的父母，专横的母亲、严厉的父亲，或者两者兼而有之。

●抛弃、不被爱及拒绝型父母，导致他们没有信任或安全基础。

●暴力受害史：身体虐待（头部或身体伤害），遭受虐待或威胁，性虐待。

●非理性和非逻辑行为的受害者、心理阴谋和心理游戏的受害者，感觉不满足。

●情绪不稳定，未满足的需求（营养不良），操纵。

●容易酗酒、吸毒或其他成瘾。

●言语虐待，经常咆哮和愤怒，在学校被过度欺负。

●精神疾病、家庭发展障碍、宗教狂热。

| 参考文献 |

Aamodt, M. G. Serial killer statistics. September 9, 2012. maamodt. asp. radford. edu/ serial killer information center/projectdescription. html（accessed October 2012）.

Achenbach, T. Manual for the child behavior checklist/4 – 18 and the profile department of psychology. University of Vermont, Burlington, VT, 1991.

Arluke, A., J. Levin, C. Luke, and F. Ascione. The relationship of animal abuse to violence and other forms of anti-social behavior. *Journal of Interpersonal Violence*, 14, 1999: 963 – 975.

Ascione, F. R. Children who are cruel to animals: A review of research and implications for developmental psychopathology. *Anthrozoos*, 6, 1993: 226 – 247.

Associated Press. 4 face arson, hate crime trial for cross burning in California. 2011. http://www. foxnews. com/us/2011/09/13/4-face-arson-hate-crime-trial-for-cross-burning-in-california/#ixzz1216SFG7I (accessed June 2012).

Barnett, W., and M. Spitzer. Pathological firesetting, 1951 – 1991: A review. *Medical Science and the Law*, 34, 1994: 4 – 20.

Canter, D., and L. Almond. *The burning issue: Research and strategies for reducing arson.* London: Office of the Deputy Prime Minister, 2002.

Canter, D., C. Missen, and S. Hodge. Are serial killers special? *Policing Today*, 2 (1), 1997: 2 – 11.

DeLisi, M., and A. Scherer. Multiple homicide offenders: Offense characteristics, social correlates and criminal careers. *Criminal Justice and Behavior*, 33 (3), 2006: 367 – 391.

Department of Justice. Oregon man charged with hate crime at mosque. 2011. http://www.justice. gov/opa/pr/2011/august/11-crt-1088. html (accessed June 2012).

Dietz, P. Mass, serial and sensational homicide. *Bulletin of the New England Medical Society*, 62, 1986: 477 – 491.

Douglas, J., and M. Olshaker. *Obsession.* New York: Scribner, 1998.

Ewing, C. *Insanity: Murder madness and the law.* London: Oxford University Press, 2008.

FBI. *FBI crime scene investigation: A guide for law enforcement.* Washington, DC: U. S. Government, 2010.

FBI. Serial murder, multi-disciplinary perspectives for investigators. Behavior analysis unit—National Center for the Analysis of Violent Crimes, 2010.

Fekkes, M., F. I. Pijpers, M. Fredriks, A. Miranda, T. Vogels, and S. Verloove-Vanhorick. Do bullied children get ill, or do ill children get bullied? A prospective cohort study on the relationship between bullying and health related symptoms. *Pediatrics*, 117 (5), 2006: 1568 – 1574.

Fox, J. A., and J. Levin. *The will to kill: Making sense of senseless murder.* Boston: Allyn & Bacon, 2001.

Gaynor, J. *Juvenile fire setter intervention handbook.* Washington, DC: Federal Emergency Management Association (FEMA), 1997.

Gaynor, J. *Juvenile firesetters intervention handbook.* Washington, DC: USFA, 2002.

Geller, J. L., J. Erlen, and R. L. Pinkus. A historical appraisal of America's experience with "pyromania" —A diagnosis in search of a disorder. *International Journal of Law Psychiatry*, 9 (2), 1986: 201 – 229.

Harbort, S., and A. Mokros. Serial murders in Germany from 1945 to 1995: A descriptive study. *Homicide Studies*, 5, 2001: 311 – 334.

Hare, R. D. *The Hare psychopathy checklist—Revised.* Toronto: Multi-Health Systems, 1991.

Hargan, V. Posttraumatic stress disorder and crime victimization, 9/28/2009. http://m. npdaf. org/upload/PTSD% 20and% 20Crime% 20Victimization. pdf (accessed March 2012).

Hickey, E. W. *Serial murderers and their victims*, 5th ed. New York: Wadsworth, 2010.

Holmes, R. M., and J. DeBurger. *Serial murder.* Newbury Park: Sage, 1988.

Jacobson, R. Child firesetters: A clinical investigation. *Journal of Child Psychology and Psychiatry*, 26 (5), 1985: 759 – 768.

Janes, P. Orangevale dry cleaners target of possible arson hate crime. 2011. http://www. news 10. net/news/article/154778/2/orangevale-dry-cleaners-target-of-possible-arson-hate-crime (accessed June 2012).

Jayatunge, R. Bedwetting in children. September 1, 2010. www. lankaweb. com/news/ items/ 2010/09/01/bed-wetting-in-children (accessed March 01, 2012).

Levin, J., and J. A. Fox. *Mass murder: The growing menace.* New York: Plenum Press, 1985.

Lindberg, N., M. Holi, P. Tani, and M. Virkkunen. Looking for pyromania: Characteristics of a consecutive sample of Finnish male criminals with histories of recidivist fire-setting between 1973 and 1993. *BMC Psychiatry*, 5, 2005: 47.

Marks, P. When heroes turn into outlaws: Firefighters' arson arrest raise complex questions. *New York Times*, May 24, 1993.

Norris, J. *Serial killers.* New York: Anchor Publishing, 1989.

Ressler, R., A. Burgess, and J. Douglas. *Sexual homicide: Patterns and motives.* Lexington,

MA: Lexington Books, 1988.

Roesler, T. A., D. Savin, and C. Grosz. Family therapy of extrafamilial sexual abuse. *Journal of the American Academy of Child & Adolescent Psychiatry*, 32 (5), 1993: 967 – 970.

Scott, G. *American murder*. New York: Praeger, 2007.

Snyder, H. N. *Juvenile arson*, fact sheet. Washington, DC: OJJDP, 1997.

Stone, J. H., K. O'Shea, S. Roberts, J. O'Grady, and A. Taylor. *Faulk's basic forensic psychiatry*. Hoboken, NJ: Blackwell Science, 1999.

Strachan, J. G. Conspicuous fire-setting in children. *British Journal of Psychiatry*, 138, 1981: 26 – 29.

Swaffer, T. Motivational analysis of adolescent fire-setters. *Criminological and Legal Psychology*, 20, 1993: 41 – 45.

Vronsky, P. *Serial killers: The method and madness of monsters*. New York: Berkley Publishing Group, 2004.

Wax, D. E., and V. G. Haddox. Sexual aberrance in male adolescents manifesting a behavioral triad considered predictive of extreme violence: Some clinical observations. *Journal of Forensic Sciences*, 19 (1), 1974: 102 – 108.

Zipper, P., and D. Wilcox. *Juvenile arson: The importance of early intervention*, Law Enforcement Bulletin 4 (74). Washington, DC: FBI, 2005.

第八章

英雄情结杀手

谋杀……谋杀……你能证明那是谋杀吗？……我认为你无法证明，无论如何她都会死。

——约翰·博德金·亚当斯（John Bodkin Adams，1956）

学习目标

- 理解"仁慈天使"和"死亡天使"的区别。
- 探讨医生和初级护理人员实施的不同类型的谋杀。
- 研究弑子父母的特点及原因。
- 探讨公共服务提供者犯罪的特点及原因。

关键词

纵火（Arson）

仁慈（Beneficence）

共病（Comorbid）

安乐死（Euthanasia）

人为障碍（Factitious disorder）

弑子（Filicide）

第一责任（First due）

孟乔森综合征（Munchausen syndrome）

新生儿死亡（Neonaticide）

一、引言

也许从最罕见的一类杀手——所谓的仁慈天使或死亡天使——开始讨论谋杀类型学是最好的选择。本书中，这类杀手的范围扩大到任何试图通过自己的行为成为英雄的罪犯。具体来说，"仁慈天使"或"死亡天使"指的是那些自认为帮助受害者减轻痛苦的人；或者，他们可能创造了一个自己是救世主的潜在的致命场景。这些人可能会被误认为同情他人，对他人的痛苦很敏感；实际上，他们行为的动机往往是自私的，与连环杀手一样。

此类杀手传统上被赋予看护人的角色，包括医生、护士或父母。因此，他们被赋予善良的假设，因为看护人员通常被要求具有这样的认知：不得不将自己的健康和福祉交到他人手中的被看护人是脆弱和无辜的。专业护理人员得到被看护人和公众的信任，可以为有需要的人提供养育服务，因此，他们会获得高度的信任和尊重。这种对其职业角色和性格的看法与对杀手故意夺走他人生命的看法不一致，而且公众往往抵触看护者是杀手的想法，这反而会为罪犯制造犯罪的机会。

虽然存在其他职业，但大多数情况下，此类别的杀手通常由专业护理人员组成。本章对寻找"英雄情结杀手"有帮助的主要学科进行了研究，认为其动机旨在规避以下事实：根据法律规定，一个人如果故意夺走另一个人的生命，那么，他就犯了谋杀罪。

坎普（Camp，1982）在其著作《百年医疗谋杀》中，总结了从19世纪初到20世纪中期备受瞩目的医疗谋杀案，并创造了"医疗谋杀"一词，专指医生杀死病人的行为。这一术语的内涵已被其他作者扩展（Field，2007），泛指医疗服务提供者杀害患者的行为。医务人员（医生、护士、护工、急诊医生等）谋杀病人的机会通常来自于他们工作的独立性（无监督），以及他们获得武器（有毒的药品）的便利性（以药物的形式）。

一方面，"仁慈天使"的标签最常被用于描述那些以类似安乐死的方式采取行动的杀人犯，因为这些行动往往被公众视为与仁慈的道德准则和"不伤害"原则相一致，并且与社会仁慈和减轻他人痛苦的理念相一致。正是由于这点，尽管从法律上讲，他们确实犯下了谋杀罪，但是这些人的行为往往不会受到社会的谴责。善良纯洁的护士或医生的形象被保留了下来，因为他们所做的一切都有善良而光荣的意图。"天使"的形象也确实让人想起那些作为神的守护者、行神迹者和作为神的信使的人（Field，2007：220）。

另一方面，"死亡天使"（Kelleher M. and Kelleher C.，1998）用来描述那些恶意预谋杀害患者的人，也就是说患者的死亡并不是为了减轻痛苦。作者将这类人定义为"蓄意谋杀在她照顾下或依靠她获得某种形式的医疗照顾或类似支持的人的女性❶"。其他用来描述这些人的术语有"护士杀手"或"连环杀手"，这些术语提醒读者，护理人员也可能是坏人。

当受害者实际死亡时，这些杀手的动机通常分为三类：怜悯型杀害、虐待型杀害或恶性英雄型杀害。怜悯型杀手可能会认为受害者确实在受苦或无法获得帮助（例如在绝症中），尽管这种信念可能仅仅是妄想或无知，但他们仍认为自己的行为是正当的，因为他们看到了自己想看的东西。虐待型杀手往往会利用自己的权力来控制无助的受害者，而动机通常是经济收益、浪漫兴趣或杀人乐趣（Camp，1982）。恶性英雄型杀手的典型行为模式是：他们以某种方式危及受害者的生命，然后再继续"拯救"他，因为他们希望自己看起来像一个英雄。例如，杀手假装试图使受害者苏醒，即使他知道受害者已经死亡（Andresen et al.，2005）。

恶魔英雄

珍妮·安妮·琼斯（Genene Anne Jones，1950年7月13日出生）原是美国得克萨斯州的一名儿科护士，她可能杀害了11~46名由她照顾的婴儿和儿童。为了"扮演上帝"，她给婴儿或儿童注射地高辛、

---

❶ 从历史上看，这类杀手的人口统计学特征是女性，通常从事医疗或长期护理工作，或为人父母。然而，从文化和社会的角度来看，医生的角色传统上是由男性担任的。因此，我们一致认为，大多数记录在案的案件都涉及男性罪犯。菲尔德（Field，2007）还认为，此类杀手的女性形象是由修女、护士以及养育和护理等因素造成的。

肝素和后来的琥珀酰胆碱，从而在她的病人中引发医疗危机。然后，她试图使他们苏醒，以此赢得赞扬并被视为英雄。不幸的是，许多人再没有醒来。

1985年，琼斯因使用琥珀酰胆碱杀害15个月大的切尔西·麦克莱伦（Chelsea McClellan）而被判处99年监禁。然而，由于当时的一条应对监狱人满为患的法律，她只需服三分之一的刑期。琼斯在2017年获得自动假释。

二、初级护理提供者

到目前为止，关于恶性英雄型杀手的讨论主要集中在医学界，但我们认识到，有些护理提供者也有接触或伤害受害者的机会。虽然本书已经探讨了父母在管教子女方面所享有的广泛自由（见第三章），但不可漠视的是，在某些情况下，父母也会杀死他们的子女。尼克（Nick，1969）指出了五种主要的父母弑子行为，其中一些行为反映了医疗服务提供者的动机：①利他性弑子；②急性精神病性弑子；③致命虐待性弑子；④不喜欢孩子而弑子；⑤配偶报复弑子❶。

当父母声称出于爱而杀了自己的孩子时，就会发生残忍的利他性弑子行为——父母认为死亡对孩子最有利。例如，一个有自杀倾向的母亲不愿让失去母亲的孩子去面对无法忍受的世界而弑子，或者一个精神错乱的母亲相信她是在把自己的孩子从比死亡更糟糕的命运中拯救出来。美国一项针对弑子父母的经典研究发现，约有50%的父母认为自己的弑子行为是利他的（Resnick，1969）；而加拿大最近的一项研究也报告称，在杀死孩子的父亲中，有50%的人认为自己的行为是利他的（Marleau et al.，1999）。

---

❶ 1990年，布尔吉（Bourget）和布莱德福（Bradford）将弑子行为重新分类为：①病理性弑子行为（利他动机和扩展的弑子—自杀行为）；②意外弑子行为（受虐儿童综合征等）；③报复性弑子行为；④新生儿弑子行为——不想有孩子；⑤父系弑子行为。从本质上说，他们并没有真正改变尼克1969年提出的分类，但却提供了更广泛的应用范围，并使用了更现代的语言。

虽然从司法实务上讲，这样的行为符合谋杀的法律定义，但社会对此却往往更宽容，特别是当父母有社会经济压力、有虐待史、缺乏伴侣支持、难以获得主要照顾者身份或照顾孩子有困难时（Sinclair，2011）。最能突出反映这一现象的案例是特雷西·拉蒂默（Tracy Latimer）案。然而，如果认为只有幼儿的父母才会在这方面采取行动，那就错了。2010年，65岁的帕特里夏·科德（Patricia Corder）在得知自己身患癌症晚期后，开枪杀死了39岁的瘫痪儿子特雷西·科德（Tracy Corder），然后自杀。官方称这位母亲可能担心在她死后没有人照顾自己瘫痪的儿子（Zapotosky，2010）。

特雷西·拉蒂默

特雷西·拉蒂默生来就患有严重的脑瘫。她不能走路，也无法说话，曾多次癫痫发作，并有认知障碍。她生活中所有的基本需求都依赖于他人。

虽然许多事情她都不会做，但她会微笑、大笑、哭泣，可以思考、交流，认出她认识的人。她喜欢音乐和篝火。她需要被喂着吃饭，每天坐公共汽车去上学。

1993年10月24日，罗伯特·拉蒂默（Robert Latimer）杀死了自己的女儿特雷西。他把女儿塞进家里的敞篷小货车的驾驶室，把排气管和驾驶室连接起来，然后用毒气将她毒死。罗伯特·拉蒂默承认杀了特雷西并允许警方记录他的解释。他声称杀死女儿的动机是他别无选择，因为他非常爱她。

当精神病或精神错乱的父母在没有任何可理解的动机的情况下杀死孩子时，就会发生急性精神病性弑子，例如，母亲声称遵循幻觉命令杀人。在这种情况下，尽管父母可能觉得自己做的事很英勇，但因其患有精神疾病或缺陷，不太可能会为自己的行为承担法律责任。

致命虐待性弑子常常发生在意外中，因为死亡通常不是预期的结果。尽管如此，这种行为仍是长期儿童虐待或漠视导致的结果，在极少数情况下，它是由代理人孟乔森综合征（Munchausen Syndrome by Proxy，MSP）

引起的。MSP 发生在父母（通常是母亲）通过故意伤害或描述孩子身上不存在的症状❶，来引起家庭的注意。MSP 患者将多次住院治疗作为一种获得他人赞扬的方式，因为母亲对儿童护理的投入，经常将患病的儿童作为与医生或其他护理提供者发展关系的一种手段（Johnson，2007）。这是一种复杂而难以诊断的儿童虐待形式。有 MSP 的人有一种内在的需求，那就是要让他人（通常是他或她的孩子）被认为生病或受伤——但不是为了获得具体的利益，比如经济利益。美国精神疾病的标准参考书《精神疾病诊断与统计手册》第 4 版文本修订（DSM IV – TR）将 MSP 视为人为的疾病。人为障碍被认为是精神疾病，因为它与严重的情绪困难有关，具有生理和心理影响（克利夫兰诊所）。因此，尽管为了保护儿童（或老人）免受进一步的虐待，执法部门可能会介入，但更有可能的情况是，案件将被诉诸医疗而非法律进行解决。尽管如此，执法部门很可能会被派去调查此类案件，因此需要了解应寻找什么。从罪犯的角度出发，执法人员应考虑杀手的下列特性：

- 大多是父母，通常是母亲，但也可能是老年患者的成年子女。
- 可能是医疗保健专业人士。
- 与医疗服务提供者的关系良好，合作性强。
- 对孩子或特定的病人显得非常关心（有些可能过于关心）。
- 可能患有孟乔森综合征。

就识别 MSP 的警示信号而言，以下要素（涉及孩子）在调查期间需要被识别：

- 孩子有多次住院的历史，通常伴有奇怪的症状。
- 孩子症状的恶化通常是由母亲报告的，但没有医院工作人员的见证。
- 孩子述说的情况和症状与诊断测试结果不一致。
- 家庭中可能会有不止一种不寻常的疾病或儿童死亡。
- 孩子在医院的情况有所改善，但当孩子回到家时，症状会复发。

---

❶ 这种障碍并不是虐待儿童所特有的，在成年子女照顾年迈父母的情况下也会出现。

- 实验室样本中的血液可能与孩子的血液不匹配。
- 孩子的血液、粪便或尿液中可能有化学物质的痕迹。

虽然这些症状的存在并不能保证 MSP 是导致弑子的一个因素，但一个或多个症状的存在表明，调查人员应特别注意这种可能性。同样重要的是，执法部门要谨慎对待疑似的医护人员。如果不这样做，可能会导致护理人员将孩子带走——这实际上会终止调查，并将患者置于更大的风险中。

当父母认为孩子是个累赘时，就会发生因不喜欢孩子而弑子的情况。这些家长利用他们的权威地位来施加权力和控制。在这些案例中，家长以受害者的身份出现，并积极动员公众来"拯救"孩子，这并不罕见。

1994 年 10 月 25 日，有两个孩子的母亲苏珊·史密斯（Susan Smith）使自己的车从河堤上滚下，冲入南卡罗莱纳州尤尼恩的 John D. Long 湖，从而杀死了自己的孩子。苏珊·史密斯最初告诉官员，她被一名 20 多岁的黑人男子劫车，这名男子戴着一顶深色的帽子，穿着一件格子呢夹克和牛仔裤，手里拿着一把手枪，把她和孩子们的车开走了。其结果是一场持续了 9 天的全国性搜捕。最后，苏珊·史密斯承认杀了她的孩子，为她造成的问题道歉，并声称她曾试图和她的孩子们一起自杀。警方后来认定，因为孩子们是她未来浪漫幸福生活的障碍，所以她杀了孩子们。

以下是她收到的一封来自她当时的恋人汤姆·芬德利（Tom Findlay）的来信的节选。从这封信中，警方认为她为了追求未来的幸福，决定除掉自己的孩子。

"毫无疑问，你会使某个幸运的男人拥有一个伟大的妻子。但不幸的是，不是我。"另一段是这样开始的："苏珊，我真的爱上你了。你有一些可爱的特质，我觉得你是个很棒的人。但是，就像我以前告诉过你的那样，你有一些地方不适合我，是的，我说的是你的孩子。"

最近的研究表明（几乎没有实证支持），男性弑子的比率与女性相当，甚至略高于女性。当父亲声称自己不想要孩子时，其原因往往集中在亲子关系或婚姻状况受到威胁的问题上，这使得大多数研究人员将这些情况归类为父亲无法应对极端压力或焦虑的指标上。这是一个需要进一步研究的领域，因为目前尚不清楚现有的精神疾病与男性日常压力管理之间的关系。

当父母受到情感伤害时，配偶报复弑子行为就会发生。2011年11月20日，亚瑟·E. 摩根三世（Arthur E. Morgan Ⅲ）❶被指控在新泽西州蒙莫斯县的鲨鱼河公园，将被绑在汽车座椅上的2岁女儿从桥上抛下扔进小溪中，杀害了她。他声称这么做是为了阻止她回到母亲身边，使她免于吸毒和犯罪；控方声称他杀死孩子是为了惩罚离开他的配偶。2012年3月，阿德里亚娜·克鲁兹（Adriana Cruz）被指控掐死她6岁的儿子。在被捕时，她直言不讳地说："我杀了他是为了报复他的父亲。"2012年5月，史黛西·斯莫尔斯（Stacy Smalls）怀疑丈夫与另一名家庭成员有染，想要报复，于是溺死了她18个月大的双胞胎，并试图毒死他们4岁的姐姐。

对研究者来说，除了研究表明父母杀害子女，断言任何事情都是不可能的，甚至是不负责任的。现有研究谨慎地指出，这种行为存在无数的理由（试图被视为英雄只是其中之一）。有必要认识到，虽然男性和女性同样有能力杀死他们的孩子（Kirkwood，2012），但他们的杀人动机和特征往往有较大差异，认识到这些差异将有助于识别和逮捕行凶者。1990年，格廷（Goetting）的研究报告指出，大多数弑子的父母（不论男女）具有以下特征：

- 少数群体。
- 年轻。
- 缺乏教育或受教育程度低。
- 有犯罪记录。
- 受害者大多在6岁以下。

格廷在1990年的研究中进行了几项调查，试图找出父母弑子的具体原因和动机。下文将讨论与受害者年龄相关的性别差异。

---

❶ 该案目前正在蒙茅斯县高级法院审理。

1. 母亲的特征

没有迹象表明一个母亲弑子的主要动机是报复自己的伴侣。相反，她们似乎都有结束自己生命的打算，她们认为父亲对孩子不感兴趣或没有能力照顾孩子，因此她们弑子的原因是无法想象孩子没有母亲该怎样活下去。辛普森和斯坦顿（Simpson and Stanton，2000）发现，弑子的母亲经常遭受社会孤立，难以建立良好稳定的关系，并出现一些精神障碍。这些因素可能普遍存在，但大多数研究报告表明，母亲更有可能在孩子出生不到一周时杀死他们（Kunz and Bahr，1996）。年轻的母亲尤其如此（Resnick，1969；D'Orban，1979）。与新生儿死亡相一致的特征是：

- 未婚母亲。
- 依赖于原生家庭的母亲。
- 主动隐瞒或否认怀孕的母亲。
- 小时候被自己的父母身体虐待的母亲。
- 没有同时患有精神或心理疾病的母亲（Haapasalo and Petaja，1999：233）。
- 未使用武器（死亡方式通常是溺水或窒息）（Kunz and Bahr，1996）。

当母亲杀死年龄较大（13岁以上）的孩子时，人口统计因素有显著差异。一般来说，这种情况非常罕见，只发生在3%的案例中，通常涉及白人母亲（Silverman and Kennedy，1988：119）。哈帕萨罗和佩蒂亚（Haapasalo and Petaja，1999）研究了从1970—1996年试图杀死或确实杀死年长孩子的48位母亲，发现这些妇女：

- 已婚。
- 有家庭问题。
- 有家庭生活压力。
- 小时候被自己的父母身体虐待。
- 被诊断为精神障碍、抑郁或妄想性精神病。
- 被认为有冲动攻击倾向。

- 使用武器（患精神病的母亲中有四分之一的人使用武器）。

2. 父亲的特征

在已经完成的为数不多的研究中，男性似乎很少愿意让其他人参与他们的弑子行为，或者表现得像个英雄。事实上，与女性不同，当男性杀死他们的孩子时，包括以下原因：①与虐待儿童有关的死亡（包括受虐儿童综合征）[1]；②患有精神疾病（包括精神病和抑郁症）；③对配偶的报复（West et al.，2009）。此外，当父亲弑子时，他们更有可能杀死整个家庭，这与控制整个家庭的权力（Kirkwood，2012）和财产（"如果我不能拥有它们，别人也不能"）的概念是一致的。

布尔吉和布莱德福（Bourget and Bradford，1990）的研究报告认为，谋杀儿童的犯罪很少见，但如果发生则通常是由父亲犯下的。动机主要集中在：①对孩子行为的误解；②冲动（经常是因为滥用药物）；③社会孤立。毒品和酒精往往是诱因，尤其是当有证据表明一个父亲对哭泣或不良行为的忍耐力较差时，这些诱因的作用尤为明显（Sadoff，1995）。坎皮恩等人（Campion et al.，1988：1143）审查了 12 名被指控弑子的男性的记录，得出结论："12 位父亲中有 11 人患有严重的精神疾病。"马洛等人（Marleau et al.，1999）后来对 10 名杀害自己孩子的父亲进行了调查研究，并确定了以下风险特征：

- 年龄较大的儿童面临的风险更大。
- 失业。
- 存在发育性因素（父母死亡、父母虐待）、情境性因素（与配偶分居的可能性）、精神病性因素（精神疾病）和毒物性因素（酒精或药物滥用）。
- 父亲弑子风险较高的年龄是 21~42 岁。
- 分居或离婚。

---

[1] 虽然过度管教或虐待儿童似乎与精神疾病相矛盾，但哈特斯等人（Hatters et al.，2005）发现虐待儿童的父亲有精神病（25%）和抑郁症（50%）等病史（Bourget and Gagné，2005；Resnick，1969；Campion et al.，1988）。

三、公共服务

从事公共服务的个人（有偿或自愿的消防员、执法人员、军事人员等）选择该职业的原因是它提供了帮助他人的机会。但是，有时候工作的现实并不像预期的那样令人兴奋，或者对提供帮助的渴望得不到满足，这时他们决定"帮助自然"（Sapp in Voth，2009）。他们的主要动机是想成为英雄（Mann in Voth，2009）。曼恩（Mann）说："他们想成为第一个出现在那里的人"，"他们希望被公众视为英雄。很少是因为情感或心理问题。"

（一）消防员纵火

1992 年 3 月，纽约奥斯威戈县一名 26 岁的志愿消防队员承认，他在 1990—1992 年实施了纵火行为，并为 27 起火灾中的 7 起负责。奥斯曼郡警长办公室纵火调查员萨姆纳·R. 霍尔（Sumner R. Hall）说："他纵火的原因可能是想成为一个英雄（Marks，1993）"。

我们尚不清楚此类事件的发生频率，因为尽管国家机构间消防中心（National Interagency Fire Center，NIFC）、国家火灾事故报告系统（National Fire Incident Reporting System，NFIRS）和统一犯罪报告（Uniform Crime Reports，UCR）收集了有关纵火罪的数据，但是很少收集有关消防员纵火犯的信息[1]。在 20 世纪 90 年代初期，国家志愿消防委员会（National Volunteer Fire Council，NVFC）对消防员纵火现象进行了首次实证研究。他们的发现特别指出：①大多数州没有关于纵火案和涉及消防员纵火案的准确数字；②很多州没有关于已证实涉及消防员的纵火案的统

---

[1] 根据美国国家暴力犯罪分析中心（NCVAC）的规定，纵火的犯罪行为必须具备三个要件：①有焚烧财产的行为（必须向法院证明有实际的破坏行为）；②必须证明焚烧是纵火行为；③焚烧必须是有恶意的，即带有特定的毁坏财产的意图。

计；③许多州在消防员纵火案的培训或认知方面做得很少或根本没有。

20 世纪 90 年代初，美国国家暴力犯罪分析中心对美国 7 个州和加拿大 1 个省的 25 起消防员纵火案（75 名消防员被发现应对 182 起火灾负责）进行了研究。他们的研究确定了以下情境特征，以便在调查潜在的消防员纵火案件时可以借鉴：

- "第一责任区"内滋扰性火灾的突然增加。
- 部门的新员工，通常工作时间少于 3 年。
- 随着时间的推移，火灾风险和频率随之增加，甚至达到在占用建筑物放火的极端程度。
- 简单的起火方法，存在容易获得的材料，如汽油和火柴。

就调查这些违法行为时要寻找的个人人口统计数据而言，仍需进一步研究（有效性和可靠性），但以下个人特征已被南卡罗莱纳林业委员会（SCFC）和美国联邦调查局确定为消防员纵火者的危险因素：

- 白人男性，17～26 岁。
- 成长环境混乱、恶劣或不稳定。
- 与父亲关系不好，母亲保护过度。
- 如果已婚则婚姻适应能力差。
- 缺乏社交和人际交往能力。
- 职业适应能力差，从事低收入工作。
- 对消防服务及其装饰着迷。
- 可能面临不寻常的压力（家庭、经济或法律问题）。
- 智力一般或高于平均水平，但学习成绩一般或较差。

研究人员已经确定了纵火者的六种潜在动机❶，但对于消防员来说，纵火的动机主要有三种：①需要被视为英雄（对于消防员和他们所服务的社区）；②需要练习灭火；③需要获得额外的收入。NCVAC 的研究还表明，纵火最主要的动机是兴奋，因为年轻的消防员渴望把他们的训练付诸实践。

---

❶ 刺激因素、故意破坏、报复、牟利、极端分子/恐怖分子和隐藏犯罪。

在大约 30000 个美国消防机构中，绝大多数（可能高达 75% 或更多）是志愿消防机构。虽然各类部门都发生过消防员纵火事件，但大多数来自志愿消防机构。这不仅是因为与职业消防员相比，志愿消防员的数量多，而且因为预算的减少，志愿消防员的训练、管理、监督也有所减弱，为这些问题的出现创造了机会。

目前，许多非城市地区严重依赖志愿消防员，也在努力招募和留住消防员，人们有理由担心，昂贵的犯罪背景调查或耗时的培训可能成为潜在新成员加入的障碍。尽管如此，各部门还是认识到了消防员纵火对经济和社会的影响，因此，在新成员加入前积极运用各种技术识别出有风险的人。

（二）执法人员犯罪

我们有理由认为，从逻辑上讲，就像消防员有机会塑造自己的英雄形象一样，执法部门也有机会这样做。以 1996 年的亚特兰大爆炸案为例，理查德·朱厄尔（Richard Jewell）虽然不是执法部门的一员，但他是一名公园保安。最初的报道称，他放置炸弹是为了找到炸弹，向公众发出警报，并获得英雄的赞誉。但现实情况大不相同，原因有二。

首先，执法部门一直受到监控，特别是在仪表盘摄像头和肩部摄像头出现后，监控的力度可能更大。这种监控阻止或干扰了使他们成为英雄的犯罪机会。这并不是说这些行为从来没有发生过，只是不太可能会成功，到目前为止，没有文献研究这类特征或条件，以解决执法中这一现象。

其次，也许更重要的是，执法人员因其工作职责的性质而享有一定程度的权力和权威。因此，任何可能将公众置于危险境地的违法行为都被视为滥用权力和权威，并会在社会上转化为糟糕的治安坏境，而不会成就英雄警察。消防员纵火使公众的信任和信心出现裂痕，但执法部门与公众之间微妙的平衡如果也出现类似裂痕的话，不仅会使许多人受到伤害，还会破坏警察的公信力。

1996年7月27日晚，在百年奥林匹克公园，我并没有打算成为英雄。那天晚上要做的就是做好我的工作，并把它做好。

——理查德·朱厄尔（1996）

1996年7月27日百年奥林匹克公园爆炸案

理查德·朱厄尔是皮埃蒙特学院一名33岁的保安，他曾断断续续地从事过执法工作。1996年，在奥运会期间，他兼职做保安工作。

7月27日在亚特兰大发生的百年奥林匹克公园爆炸案使理查德·朱厄尔首次成为英雄。他发现了一个装有管状炸弹的绿色背包，而此时距离炸弹爆炸仅有13分钟。随后他报了警，并帮助人们离开现场。由于他思维敏捷反应迅速，这个粗制滥造的装置仅造成1人死亡，111人受伤。

3天后，朱厄尔的辉煌时代结束了。《亚特兰大宪法报》（*Atlanta Journal Constitution*）紧急发行了增刊，标题是"FBI怀疑英雄卫士安放了炸弹"，随后其他媒体纷纷报道，称职业上的挫折可能使得朱厄尔渴望得到全国的关注。经过88天的调查，美国联邦调查局发现朱厄尔与此次爆炸案无关，他不再是嫌疑人。

（三）军事人员犯罪

军事人员的现实情况与执法人员类似，但其原因略有不同。由于保卫国家的天性，军人被视为英雄。因此，一个军官不太可能再创造一种使自己的行为被视为英勇的情况，这将不仅仅被视为战争行为。从这个意义上说，这些行动也可能在社会对军队的期望和公众对战争不熟悉的认知中被忽视。

参考文献

Adams, J. B. 1956. http://www.murderpedia.org（accessed March 2012）.

Andresen, B. D., A. Alcaraz, and P. M. Grant. The application of pancuronium bromide (Pavulon) forensic analyses to tissue samples from an "angel of death" investigation. *Journal of Forensic Sciences*, 50 (1), 2005: 215 – 219.

Bourget, D., and J. M. Bradford. Homicidal parents. *Canadian Journal of Psychiatry*, 35, 1990: 233 – 238.

Bourget, D., and P. Gagné. Paternal filicide in Quebec. *Journal of American Academy of Psychiatry Law*, 33, 2005: 354 – 360.

Camp, J. 100 *years of medical murder*. London: Triad/Panther Books, 1982.

Campion, J. F., J. M. Cravens, and F. Covan. A study of filicidal men. *American Journal of Psychiatry*, 145, 1988: 1141 – 1144.

D'Orban, P. T. Women who kill their children. *British Journal of Psychiatry*, 134, 1979: 560 – 571.

Field, J. Caring to death: A discussive analysis of nurses who murder patients. Dissertation (unpublished), University of Adelaide, South Australia, 2007.

Goetting, A. Child victims of homicide: A portrait of their killers and the circumstances of their deaths. *Violence and Victims*, 5 (4), 1990: 287 – 295.

Haapasalo, J., and S. Petaja. Mothers who killed or attempted to kill their child: Life circumstances, child abuse, and types of killing. *Violence and Victims*, 14, 1999: 219 – 239.

Hatters, F. S., D. R. Hrouda, and C. E. Holden. Filicide-suicide: Common factors in parents who kill their children and themselves. *Journal of American Academy of Psychiatry Law*, 33, 2005: 496 – 504.

I killed my son to take revenge on his father. *Buenos Aires Herald*, March 22, 2012.

Johnson, C. F. Abuse and neglect of children. In *Nelson textbook of pediatrics*, 18th ed., ed. R. M. Kliegman, R. E. Behrman, H. B. Jenson, and B. F. Stanton, 171 – 193. Philadelphia: Saunders Elsevier, 2007.

Kelleher, M., and C. Kelleher. *Murder most rare: The female serial killer*. New York: Dell, 1998.

Kirkwood, D. "*Just say goodbye*": *Parents who kill their children in the context of separation*. Melbourne: Domestic Violence Resource Centre, 2012.

Kunz, J., and S. J. Bahr. A profile of parental homicide against children. *Journal of Family Violence*, 11 (4), 1996: 347 – 362.

Marks, P. When heroes turn into outlaws: Firefighters' arson arrests raise complex questions. *The New York Times*, May 24, 1993.

Marleau, J. D., B. Poulin, T. Webanck, R. Roy, and L. Laporte. Paternal filicide: A study of 10 men. *Canadian Journal of Psychiatry*, 44, 1999: 57–63.

Police: Mother killed children to get revenge against cheating husband. *Daily Mail*, May 25, 2012.

Resnick, P. J. Child murder by parents: A psychiatric review of filicide. *American Journal of Psychiatry*, 126, 1969: 325–334.

Sadoff, R. L. Mothers who kill their children. *Psychiatric Annals*, 25 (10), 1995: 601–605.

Silverman, R. A., and L. W. Kennedy. Women who kill their children. *Violence and Victims*, 3, 1988: 113–127.

Simpson, A., and J. Stanton. Maternal filicide: Are formulation of factors relevant to risk. *Criminal Behavior and Mental Health*, 10, 2000: 136–147.

Sinclair, L. What motivates parents to kill their child? *Psychiatric News*, 46 (20), 2011: 1.

Voth, S. Report details why some firefighters set fires. *Northern Virginia Daily*, April 25, 2009.

West, S. G., S. H. Friedman, and P. J. Resnick. Fathers who kill their children: An analysis of the literature. *Journal of Forensic Sciences*, 54 (2), 2009: 463–468.

Zapotosky, M. Terminally ill woman apparently kills disabled adult son, then self in Maryland. *Washington Post*, June 8, 2010.

第九章

犯罪现场线索及调查

第九章 犯罪现场线索及调查

> 物证不会错，它不会作伪证，也不可能不存在，只有对它的解释可能会错。
>
> ——柯克（1953）

学习目标

- 承认犯罪现场在刑事侦查中扮演的关键角色。
- 理解罗卡交换定律及其在证据收集过程中的作用。
- 熟悉在犯罪现场调查中存在的不同职业。

关键词

保管链（Chain of custody）

犯罪现场分析（Crime scene analysis）

犯罪现场处置（Crime scene processing）

犯罪现场技术人员（Crime scene technicians）

犯罪调查分析（Criminal investigative analysis）

物证鉴定专家（Criminalist）

CSI 效应（CSI effect）

罗卡交换定律（Locard exchange principle）

初步调查员（Preliminary investigator）

痕迹证据（Trace evidence）

一、犯罪现场

犯罪现场是执法调查人员的第一块拼图。根据美国联邦调查局（2010）的报告，物证有可能在对涉嫌犯罪行为的全面调查和解决中发挥关键作用。正因为如此，有许多重要的行动必须由最先到达犯罪现场的警员来执行，然后再由探员或调查员来执行最初的调查。

二、现场警员（初步调查员）

犯罪现场之所以被破坏，很可能是因为警察的好奇心或粗心大意而无意中污染了犯罪现场。首先到达现场的警员的职责是确定是否有幸存者需要医疗救助。即使对最老练的警官来说，这可能也是一个困难的情况，因为他们的第一反应就是"进去帮忙"。"服务和保护"的座右铭应该在犯罪现场酌情处理。冲进犯罪现场弊大于利。在评估医疗紧急情况或问题后，有必要让初步调查人员先建立一个广泛的警戒线，将整个犯罪现场包围起来。

警戒线提醒着每个人，犯罪现场藏有有价值的证据，这个地区应该仔细彻底地处理。黄色警戒线主要用于外围，而红色警戒线通常用于保护更小、更封闭的内部区域。布拉斯（Brass, 2011）认为，最初的调查人员必须做的第一个细节是定义他们感兴趣的物理空间，然后封锁这个区域。这不是一件容易的事。过于狭窄的边界将增加重要信息被漠视的可能性。然而，任何边界都不可能捕获所有感兴趣的人和事。我们也要认识到，犯罪现场调查员需要投入大量的时间和精力来检查警戒区的内部，而划定太宽的边界可能只会增加一点点信息。此外，每个经过犯罪现场的人都应建立一份详细的记录。

初步调查人员应记录所有到达犯罪现场的执法人员的详细记录。这份记录应该包含警察的姓名、警号、到达的时间，以及其到达犯罪现场的目的。对自己的行为负责的警察一般不会进入与自己无关的犯罪现场。后续到达现场的警察应在先前到达的警察的指导下，寻找可能见过案件的潜在证人（证词证据），每个证人应单独面谈，以免互相干扰或影响。准确地询问并记录下每个目击者所看到或听到的内容至关重要。对于执法人员来说，不要试图解释目击者说了什么，而是要具体地把目击者所披露的内容记录下来。

三、犯罪现场评估

第一印象和直觉需要被记录下来，并进行充分的推理。罪犯的每一个行为都需要被证实。初步调查人员在现场进行的适当评估将最终确定案件的类型和调查的方向。对犯罪现场的评估还应包括现场拍摄的证人证词，而且必须仔细询问附近地区是否有潜在的证人和线索。

当首席探员或调查人员到达犯罪现场时，也应记录准确的到达时间并形成文件。首先到达现场的警察和首席调查员之间必须协调一致，共同查明实物证据和交换资料，这将有助于后续调查小组的初步工作。犯罪现场的书面文件（笔记、草图）及详细的照片将有助于支持在犯罪现场最初发现和观察到的东西。警方应尽快查明受害人和嫌疑犯的身份。详细的信息报告须通过数据库与其他外部执法机构共享，特别是当犯罪涉及谋杀的时候。

美国联邦调查局（2010）承认，在刑事调查中，对未知罪犯的侧写作为一种有价值的工具被广泛接受，尤其是在那些涉及凶杀的案件中，对侧写的依赖（以及默认侧写培训）已十分明显。但是并非所有的凶杀案都遵循有组织与无组织的犯罪现场模式。这些模式是为那些看似随机的、受害者是陌生人的凶杀案受害者而开发的，例如，诱拐和杀害儿童的罪犯和杀害老年妇女的罪犯符合不同的行为模式。而且当罪犯身份不明时，这些行为模式并不一定有助于侧写的构建。

四、数据收集

记录在案的数据应简洁明了，包括犯罪现场调查员和探员的想法及初步的思考。在犯罪发生后，法医专家通常会被派到现场。在刑事司法系统中，关于证据收集的完整性至关重要，尤其是在某人的自由受到威胁的情况下。通常，调查员在最初处理犯罪现场时能够收集到最佳证据。随着时间的流逝，犯罪现场最终将失去宝贵的痕迹证据。因此，每个部门都应制定有关证据收集的规范，包括：

- 建立收集和测试证据的通用标准。
- 在处理犯罪现场时，严格遵守操作程序。
- 为犯罪处理人员配备适当的（通用的）工具来收集证据。
- 在每个犯罪现场的处理过程中保持平等（公正）。
- 确保在每个犯罪现场有足够的人员配备。
- 收集并标记最容易获得的证据——留在犯罪现场的物证。
- 尽快提供证人证词，这是最难收集的证据。
- 认识到证人的合作对案件至关重要。

犯罪现场调查员希望尽可能多地收集 DNA 和指纹证据，然而每个犯罪现场都是不同的，犯罪现场的类型将决定所收集的证据的类型和获得的证据的价值。犯罪现场调查员可能正在寻找特定证据以解决特定的犯罪。根据罗卡（Locard）所述，受害者与罪犯一旦接触，必然存在某种物质的交换。这种可能性是无限大的，特别是 DNA 和指纹这一类确定某人到过犯罪现场的真实证据。

犯罪现场调查在成功揭示嫌疑人的过程中存在许多微妙的阶段。古德（Goode，2003）指出，物证鉴定专家通过检验实物证据来解决犯罪问题。犯罪现场调查人员在进行初步调查时，通常只有一个机会获得最佳物证。每一个犯罪现场都是独一无二的，正因为如此，探员和调查人员每次处理案件的方式也不一样。对于调查人员来说，调查方法并没有一个具体的或按部就班的指南，但是在如何根据当地的政策和程序处理证据方面，调查人员应有必要的基础和常识。证据的完整性是刑事定罪的关键，但有时由于法律上的技术问题，它也可能导致罪犯被释放。

随着技术的进步，证据的收集工作得到了改进。与前几年相比，保存和记录科学的证据变得更容易、更精确、更彻底。这使得警方最终能够提供可靠的物证以协助调查，特别是巩固"谁最终犯下罪行"的法律论据或反对意见。巴伯（Baber，2010）指出，对犯罪现场的调查受到各种法律、伦理和科学要求的制约，收集到的证据将受到具有不同意图、技能和知识的人的检查。弗雷泽（Frazier，2009）指出，看过现代犯罪电视节目的人都知道，科学技术的进步帮助犯罪现场调查人员破获了许多案件，包括许多积案和悬案，这些案件的破获都归功于技术创新。但这些电视节目也给执法部门带来了挑战。

电视节目和电影让观众对犯罪现场的真实情况产生了错误的印象。特别是电视剧《犯罪现场调查》（*Crime Scene Investigation*，CSI），它激发了许多专业人士所说的"CSI效应"，即相信证据的收集和分析是在短时间内进行的。此外，警方认为，基于在电视上看到的工具和伪科学，公众对于他们应该如何确信某人有罪有着不切实际的期望。尽管一些研究（Shelton et al.，2006）并不支持陪审员对在刑事案件中使用科学抱有不切实际的期望的说法，但另一些研究人员仍然认为，存在一种更广泛的"技术效应"，它会影响陪审员的期望和要求，而检察官不得不对由于不切实际的期望而无法定罪感到遗憾。这就意味着，在数据收集过程中，必须更加重视规范，确保所有程序都得到遵守，使数据收集过程的完整性不再受到指责。

五、保管链

从犯罪现场的处理、证据的收集、现场和证据的文件编制、正确的证据包装和标识，以及以安全、临时的方式进行维护，到最后包装并提交到安全的证据存储设施或犯罪实验室，都是证据处理过程中的关键步骤。收集证据的过程启动了非常重要的程序，即保管链。证据的标记与标识是证据控制与保管制度的起点。保管链是指所有对证据项目保持完整控制的个人的目击和书面记录，以证明在犯罪现场收集到的物证与在法庭上出示的物证相同。在犯罪现场收集的所有证据都应该加上标签（如果不能加上标签，那么就应该进行标记），这些信息应包括：

- 项目说明。
- 警方案件编号或标识符。
- 收集日期。
- 收集地点。
- 收集器的名称和标识符。
- 品牌名称。
- 序列号或包装信息。

在收集证据时，保管链尚未完成。所有在证据收集后与之接触的人都必须记录以下信息：

- 谁接触了证据。
- 接手证据的日期和时间。
- 接手证据时的情况。
- 证据发生了什么变化（如有）。

犯罪现场汇报是执法人员和其他响应者确保犯罪现场调查完成的最佳机会。进行现场汇报可确保已收集到所有的证据，不会意外遗漏材料，并处理所有危险的材料或情况。

六、罗卡交换原则和痕迹物证

许多专家认为，法国科学家艾德蒙·罗卡（Edmond Locard）教授在收集和分析犯罪现场证据方面走在了他所处的时代之前。他发现，即使是最谨慎的罪犯，也会留下或带走特定材料的痕迹，他把这称为"交换定律"。

罗卡交换定律指出，痕迹物证（一个人留下或带走的证据）可能包括指纹、几缕头发、血液或精液等体液、衣物纤维、使用过的工具、破碎的玻璃，甚至灰尘。他坚信这些重要的物证是分析犯罪现场的重要依据。他的这些想法和思考，以及他首先在犯罪实验室使用显微镜和分光镜，被认为是法医调查的基础。罗卡认为，一个人留下的是有弹性的、事实性的物理证据，不会出错。

七、CSA、CST 和 CSP

随着犯罪学（犯罪的科学研究）和刑事司法（司法执行的系统）的发展，新的用来描述在调查过程中到底发生了什么的词汇和方法已经得到发展。一个人可能认为他可以从一个词的使用方式推断出这个词的意思，倾向于使用"一刀切"的模型来描述工作和它们的具体功能，这导致了误解的产生，同时失去破案的机会。犯罪现场在案件的整体成功侦破过程中所扮演的角色与所有相关方有效且高效地履行其工作职责这一理念密切相关——在许多情况下，这代表了责任和任务的等级。下文使用了几个与犯罪现场有关的术语，理解语言中微妙而明显的差异很重要。

（一）犯罪现场处置（Crime Scene Processing，CSP）

犯罪现场处置是指一项特定的任务，即处理犯罪现场，包括对证据的识别。它不仅要求对证据拍照，而且要对犯罪发生的大致地区和地点进行拍照。此外，对犯罪现场的处置还要求在笔记本上绘制环境草图，这不但可以帮助回忆，而且可以仔细记录似乎不对劲的内容，尽管人们无法说明这些内容何时可能会有所帮助。这一发现与 1976 年 RAND 的一项研究相一致，该研究发现，"对于最初没有确定犯罪嫌疑人的犯罪案件，它们最终可以通过常规调查行动解决并侦破"，但不一定由"调查员"进行。事实上，最终使案件真相大白的往往是巡逻人员负责的日常活动（Chaiken et al.，1976）。

城市巡警

1979 年，在一系列汽车电池盗窃案发生后，一些警察被派往该地区进行监控管理。在例行巡逻中，一名警察看到一名黑人男性从一辆车里出来，锁上车门，并准备离开。然后，他回到车中，拿了一个东西，这时他发现了警察，随即快速逃跑。警察追了上去，但在公寓大楼里把他追丢了。由于没有足够的正当理由进入车内检查，这名警察只是简单地记录了从车窗中可以看到的东西：一张企业发票，一个摄像头（后座），还有一张盖了前一晚 11 点时间戳的大西洋城的停车存根。随后警察打电话给"企业号"，了解到那辆车是偷来的。

3 个月后，同一名警察接到了寻找一名 9 岁失踪女孩的电话。

当他到达犯罪现场时，他注意到现场有一些血迹、一条项链和散落在停车场的糖果。当警察在保护犯罪现场时，他注意到一个年轻人和受害者的妹妹站在一起，并立即认出他就是他 3 个月前追捕的目标。他敦促调查人员询问这名男性。

最终，犯罪嫌疑人在大西洋城的一个建筑工地被捕，该建筑工地位于先前提到的停车存根上列出的停车库旁。嫌疑人最终被控谋杀 8 名妇女。他在偷车后用棒球棒殴打受害人，然后将尸体扔到很远的地方。后来确定，这名警察在后座看到的相机属于另一名谋杀受害者，其尸体位于大西洋城的一个停车库旁边，与仪表板上显示的停车位相吻合。

——退休的费城警官查尔斯·S.（Charles S.）

由于这是一项需要学习的活动，因此几乎不需要对此进行实证分析。原因很简单，因为证据收集不当会产生问题。

（二）犯罪现场技术分析人员（Crime Scene Technicians, CSTs）

犯罪现场技术分析人员（或证据恢复技术人员）是实际负责处理犯罪现场的人员。他们的工作职责是从犯罪现场收集证据（实物）。他们并不是专门负责为所发生的案件建立理论的，尽管实际上在较小的司法管辖区内这可能会发生。然而，确切地说，他们的工作职责包括收集证据、启动和保存证据链，以供未来的证据分析和法庭诉讼中使用；拍摄犯罪现场以便在随后的案件分析中重现；记录所有目击者或从最初的反应中收集到的信息等。犯罪现场技术人员的角色对于接下来的各个阶段都至关重要。虽然并不要求犯罪现场技术人员接受过高等教育，但鼓励他们接受一些特定行业的培训，如在汽车车身车间了解进入汽车内部、拆卸门板等的正确方法；去园艺中心，了解不同类型的土壤、昆虫、挖掘方法等；去急救中心，使自己适应犯罪现场常见的混乱和残暴场景（Byrd，2000）。

再次说明，由于这是一种习得的活动，几乎不需要对这种练习进行实证分析。原因很简单，因为挑战来自对工作职责的不当执行，而不是经验上的无效。

（三）物证鉴定专家

简单地说，物证鉴定专家将犯罪现场处理的第二级定为识别、比较、分析和解释物证。他们的主要作用是用科学方法客观地检验物证。这意味着物证鉴定专家需要在实验室环境中工作，在那里他们才能够仔细地分析证据。物证鉴定专家的工作着眼于以一种对调查或随后的法庭程序有用的方式来处理证据，因为他们的工作为这个过程增加了科学的有效性和支持。对证据的有效解释和准确的测试结果有助于确定犯罪时存在的情况，或有助于加强证人的陈述。最后，物证鉴定专家提供其调查结果的书面报告，并可在法庭上提供专家证词。

虽然目前对物证鉴定专家没有强制性的执照要求，但他们至少需要具有物理、生物或法医学的学士学位。此外，由于科学技术的日新月异，继续教育课程对他们来说也是必需的。原则上，建议物证鉴定专家由美国犯罪学委员会认证，或者至少，法医实验室应由国家组织认证，如美国刑事鉴定实验室主任协会或实验室认证委员会——世界上最古老和最知名的犯罪级法医实验室认可机构。如果不这样做，可能会导致《华盛顿邮报》报道的那种情况发生。2011 年 4 月 20 日，《华盛顿邮报》报道，"司法部官员多年来一直知道，有缺陷的法医工作可能会导致无辜的人被定罪，但检察官没有通知被告或其律师，即使在他们知道的许多有问题的案件中……这导致全国有数以百计的被告仍在监狱或假释中，他们有可能应该被免罪、重审或利用 DNA 技术重新测试证据，因为美国联邦调查局的头发和纤维专家可能把他们误认为嫌疑人了"（Hsu，2011）。

这一发现的影响是多方面的，因为它不仅使人对法医实验室多年来的发现所达成的完整性信念产生怀疑，而且也威胁到公众的信心，即对他们的法律正以合乎道德和明智的方式得到维护的信心。

（四）犯罪现场分析（Crime Scene Analysis，CSA）

犯罪现场处理的第三步是将物证（客观分析）应用到案件的理论重构（主观分析）中，这需要通过犯罪现场分析来实现，进而使犯罪现场分析成为警方的一项任务。警察通常试图确定犯罪行为背后的动机，因为确定动机与确定罪犯有关。确定动机的过程包括回答如何、为什么、在哪里、何时开始等问题。传统上，证据在犯罪重构过程中的应用都是从罪犯的角度进行的，但对受害人和受害人行为的认知也能为犯罪事件的演变提供有价值的洞见。

犯罪现场分析需要综合考虑各方面因素，形成多种理论框架。当警方确定了一种情况并拒绝或拒绝考虑任何替代解释时，这一过程面临的主要挑战就出现了——尤其是当科学分析与理论相悖时。实验室分析师乔安·S.（Joann S.）声称："工作中最难的部分是，当调查人员反对我的实验室发现并坚持认为我一定是错的时候。我不会教他们如何成为一名警察，为什么他们不断地告诉我如何成为一名科学家？实验室结果不符合他们的期望，但我不能改变实验结果。"

有些人认为人类是习惯的产物，习惯是一种源于积极强化的行为（见第二章）。从这个意义上说，犯罪分子之所以犯罪，可能是因为他们代表了他们习惯做的事情，他们喜欢做的事情，或者他们擅长做的事情。事实上，在2010年，美国东北大学的一组顶尖网络科学家报告说，93%的人类行为是可以预测的（Song and Qu，2010）。如果这是真的，那么最近"预测性警务"和地理侧写的发展（见第十章）将会促进犯罪侧写领域的巨大进步。然而，必须指出的是，这两种系统都需要以往案件的数据，以便从中构建对未来的预测。

连环谋杀的动机可能很难确定，因为罪犯们侵犯的往往是陌生人，而且在犯罪之前很少或没有与受害者接触过。陌生人作为受害者，扩大了犯罪的神秘性，使查明嫌疑犯变得困难。伤害的程度不应该与犯罪动机直接相关。根据美国联邦调查局（2010）的研究，罪犯根据可获得性、脆弱性和合意性来选择受害者：

• 可获得性被解释为受害者的生活方式，以及受害者所处的环境，能够接触到受害者是一个关键因素。

• 脆弱性表示受害者易受到罪犯攻击的程度。

• 合意性是指吸引罪犯的东西。这可能涉及基于罪犯与受害者接触的动机程度的许多因素，包括种族、性别、民族、背景、年龄和罪犯可能具有的任何其他特定偏好（根据受害者人口统计数据显示）。

有些因素可能使调查人员偏离方向，如杀人频率、杀人地点，特别是如果罪行发生在偏远的警察管辖区，或罪犯过分依赖某种作案方法时。此外，虽然技术极大地改善了通信条件，但警察机构，尤其是规模较大的警察机构，不一定会与其他司法管辖区共享活跃案件的信息。

（五）犯罪调查分析：心理侧写的未来

评估犯罪现场和罪犯的行为就像把一个个复杂而详细的拼图块放在一起。最可能的犯罪原因是什么？可能的罪犯是谁？罪犯与受害者可能的联系是什么？这种分析罪犯行为的调查技术称为犯罪调查分析（Criminal Investigative Analysis，CIA）。犯罪调查分析是将行为经验和认知与调查事实相结合的过程。这种犯罪侧写是从犯罪现场遗留的线索中提取的，目标是找出罪犯可能的动机和目的。调查人员将通过从犯罪开始到行凶者离开的过程的评估来了解犯罪情况。

过去几年，随着全国各地的执法机构遭遇的不明罪犯实施的强奸和杀人案的增长，犯罪调查分析（以前称为心理侧写）培训的必要性日益得到重视。通过 CIA 方法训练的警探将采用规范和系统的方法来帮助他们匹配犯罪案例和潜在罪犯的相似之处。这项技术也可能对新的犯罪趋势或模式进行预测，以证实未来可能发生的事件。同时，这项技术也可以帮助侦探和调查人员有足够的信心来解释犯罪行为，从而形成线索，并在法庭上提供专家证词。

确定嫌疑犯的过程取决于在犯罪现场收集的大量证据资料。在现场留下的衣服、某些身体特征、明显的指纹或体液（DNA 证据）将最终帮助探员或调查员找到拼图的最后一块。艾伦（Allen，1999）指出，DNA 指纹图谱——科学家们称之为 DNA 图谱——将犯罪现场发现的证据中的遗传密码与犯罪嫌疑人和受害者的遗传密码进行比较。DNA 的来源有时只是一个在街上吐痰的嫌疑人留下的斑点、血液或唾液。

实践经验

下面的观点来自于对芝加哥警察局法医调查员赫伯·基勒（Herb Keeler）警官的个人采访。基勒（2011）说，当他接近犯罪现场时，要做的第一件事就是在外围观察。他把处理犯罪现场比作剥洋葱：必须缓慢地完成，一层一层地剥离信息。进入现场时，他会穿一套 Tyvec 防护服，这是一种调查者用来防止自己的 DNA 或指纹污染犯罪现场的一次性防护服。

他指出，需要寻找的是有证据的证据（相关的证据往往会证明或反驳一些事情），这些证据会通过观察现场入口和出口而出现。基勒会从远处拍摄犯罪现场照片，以便捕捉到许多围观者。他认为许多罪犯经常会回到犯罪现场，当他拍下照片时，他们总是有可能就在那里。

基勒强调，犯罪现场调查员在处理犯罪现场时，一定要花些时间。调查员需要书写、拍摄和记录他们在犯罪现场看到的一切。基勒称："如果犯罪现场调查员什么都没写，那就什么都没发生"，"最容易收集到的证据是罪犯留下的物品，比如衣服。而最难收集的证据是转瞬即逝的证据——如果不能立即准确地找到，这些证据会很容易丢失，如头发、指纹和鞋印。"

当犯罪现场调查员发现发生谋杀案的地点（一名女子在公寓中被杀害，然后被丢弃在一个偏远的地方）时，调查员可能会试图在被罪犯清理过的犯罪现场收集 DNA 证据。犯罪现场调查员会利用一些化学制剂来寻找血液。尽管血液可能已经被清理干净，但仍然有可能恢复血液并建立 DNA 图谱。

基勒的理论认为要准确地确定犯罪现场有多少罪犯是极其困难的。犯罪现场调查员可以通过子弹轨迹分析确定一个人在射击过程中的位置，并将其与回收的弹壳和枪弹残留（GSR）测试相联系。子弹轨迹分析可以显示射击者在射击时的位置。犯罪现场调查员还可以通过与犯罪现场有关的其他证据确定罪犯的大致位置，例如，在一个犯罪现场中，如果受害者被人用棍棒殴打致死，调查员可以通过评估犯罪现场受害者的血迹来完成这一任务。血迹分析（Blood Stain Analysis，BSA）可以确定受害者和罪犯在犯罪时所处的相对位置。

当被问及是否使用过推理技巧来解释为什么罪犯会犯罪时，基勒说，他试图站在受害者和罪犯的角度来观察犯罪现场。根据证据和证人的陈述，可以更容易地重建犯罪过程。基勒指出，犯罪现场处置通常会发现更多的调查线索，收集更多的证据（建立有助于证明犯罪的证据链）。DNA 和指纹为负责此案的警察提供了一个起点。为成功地逮捕和起诉罪犯，必须将已找到的证据和证人、陈述书与调查技术相结合。基勒做的最后一件事是进行最后一次巡视，再次拍摄犯罪现场照片，以确保他没有遗漏下任何证据。

基勒指出，很难根据罪犯留下的证据确定其动机。他解释说，犯罪现场调查员在搜查令失效后，要求申请新的搜查令返回现场以寻找任何遗漏的其他证据的情况并不少见，尤其是在高优先级案件中。他提到，所有类型的证据都有助于支持控方，并很可能逮捕罪犯。

基勒认为，自己能成为警察这一伟大职业的一分子是幸运的。他说："我献身于这个职业。我对任何受害者，尤其是那些被杀害的人，怀有最大的敬意。请记住，这个受害者是某人的儿子、女儿、兄弟、姐妹、母亲或父亲。我通过讲述死者的故事来表达对死者的尊敬。他们是怎么死的？什么导致了犯罪？我最大的荣幸是罪犯最终因为我收集的证据而被捕后得以审判，使受害者的家人得到慰藉。"

基勒重申，对每一个犯罪现场调查员来说，保持注意力集中，不受任何妨碍或干扰是很重要的。他强调了补充创新培训、学习新技术和程序的重要性。基勒认为，这个职业要求犯罪现场调查员使用并致力于健全法医原则。法医测试和原则永远在变化，新的东西总是出现，而犯罪现场调查员需要在他们的专业领域中处于领先地位。这需要他们在专业领域保持良好的阅读能力。基勒提出了一些可以用来提高处置犯罪现场能力的有价值的工具：

（1）订阅法医期刊。

（2）通过撰写案例研究，为法医事业做出贡献。

（3）参加法医会议。

（4）把你所学的知识传授给新来的技术人员，这样你的专业知识就会传递下去。

（5）与全国各地的法医办案人员建立联系，使他们能够在办案工作中相互协作。

| **参考文献** |

Allen, W. Your DNA can convict you. Or set you free. Crime labs compare the genetic code found at a crime scene with that of a suspect. A match can lead to a conviction. Or like last week in Illinois, it cleared a man who had been on death row. *St. Louis Post-Dispatch*, May 23, 1999.

Baber, C. Distributed cognition at the crime scene. *AI and Society*, 25 (4), 2010: 423 – 432.

Brass, C. Investigating the future: Lessons from the "scene of the crime." *The Futurist*, 45 (6), 2011: 47 – 50.

Byrd, M. Duty description for a crime scene investigator. 2000. http://www.crime-scene-investigator.net/dutydescription.html (accessed July 1, 2012).

Chaiken, J. M., P. W. Greenwood, and J. R. Petersilia. *The criminal investigative process: A summary report*. Santa Monica, CA: RAND Corporation, 1976.

FBI. *FBI crime scene investigation: A guide for law enforcement*. Washington, DC: U.S. Government, 2010.

Frazier, N. Encyclopedia of crime scene investigation. *Reference and User Services Quarterly*, 49 (1), 2009: 95 – 96.

Goode, E. The skeptic meets CSI. *Skeptic*, 10 (4), 2003: 75 – 77.

Hsu, S. Convicted defendants left uninformed of forensic flaws found by Justice Dept. *Washington Post*, April 16, 2011.

Keeler, H. M. Chicago police forensic investigator. Chicago, IL 60653.

Kirk, Paul. *Crime investigation: Physical evidence and the police laboratory*. New York: Interscience Publishers, 1953.

Shelton, D. E., Y. S. Kim, and G. Barak. A study of juror expectations and demands concerning scientific evidence: Does the "CSI effect" exist? *Vanderbilt Journal of Entertainment and Technology Law*, 9 (2), 2006: 331 – 368.

Song, C., Z. Qu, N. Blumm, and A-L. Barabasi. Limits of predictability in human mobility. *Science Magazine*, February 19, 2010, 1018 – 1021.

第十章

犯罪地理侧写

犯罪地理侧写不能被用来破案。只有物证、供词或证人才能有助于破案。侧写分析只能帮助确定优先级或进行信息管理。

——吉姆·罗斯木（Kim Rossmo，2000）

学习目标

- 对犯罪地理侧写在破案中的价值形成基本认识。
- 演示犯罪地理侧写如何为调查人员提供一个区域，以用来对线索进行优先排序和分配资源。
- 介绍更现代化的信息化打击犯罪的方法，例如COMPSTAT、治安热点、地图等。
- 在现代化侦查技术打击犯罪的背景下，重新审视传统犯罪理论。

关键词

犯罪地图（Crime mapping）

距离衰减（Distance decay）

犯罪地理侧写（Geographic profiling）

犯罪旅程预估（Journey-to-crime estimation）

作案手段（Modus operandi）

模型分析（Pattern analysis）

预测性警务（Predictive policing）

一、犯罪地理侧写

犯罪地理侧写是一种调查工具，执法人员使用它来检查和评估罪犯最可能的位置，而这些位置可能与特定的犯罪有关。许多专家认为，大多数犯罪发生在罪犯的住所附近，而且他们认为，犯罪地理侧写是解决系列犯罪的调查工具，因为它依赖于模型分析。

伊利诺伊州本森维尔市警察局局长保罗·鲁福洛（Paul Ruffolo）已经在执法部门工作了 33 年，并且在本森维尔警察局、美国缉毒局（Drug Enforcement Administration，DEA）和 FBI 犯罪与调查工作小组德高望重。鲁福洛（2012）指出，犯罪地理侧写是整个犯罪现场规程的关键。考虑各种犯罪发生在某个地点有其特殊的原因，找到与罪犯侧写有关的类似犯罪是重要的。每个犯罪现场对于罪犯个人来说都是独一无二的。鲁福洛举了这样一个例子："一个罪犯可能会从受害者的手上割下一根手指。那就是罪犯的签名。"对调查人员来说，重要的是要仔细检查所有的报告，找出已经发生的犯罪的类似特征。这可能需要调查其他司法管辖区的犯罪报告。鲁福洛举了一个例子，当一个罪犯驾车穿越整个国家，并在此过程中犯下罪行时，调查人员应该采取三种行动来确立一种模式：

（1）研究犯罪的类型及其特点。

（2）跟踪罪犯的路线。

（3）找到通常沿这条路线行驶的卡车公司，可能犯此类罪行并可能沿这条路线行驶的卡车司机等。

王（Wang，2004）认为，从经验上来说，任何犯罪行为最有可能确定的就是它发生的地点。因此，自然要考虑是否可以利用犯罪地点来帮助识别未知的罪犯。当一系列相互关联的罪行被查明时，这一问题就更加相关。犯罪的地理分布有意义吗？大多数刑事司法人员都熟悉犯罪地图，以便将资源分配给犯罪活动频繁的地区。但最近的应用程序已经对这些模式进行了更深入的探索，以观察是否有一些明显的东西跳出了观察者的视线。

罗斯木（2000）认为，在犯罪地理侧写的形成过程中（通过分析一系列相关的犯罪地理位置，以确定罪犯的可能位置），有许多必要的因素：

（1）执法人员和所有涉案人员必须对案件有全面的了解。

（2）犯罪现场必须被彻底地检查并记录在案。

（3）必须寻找和询问证人，必须向调查人员提供最新的线索和信息。

（4）必须对可能发生的犯罪和罪犯可能居住的地区进行分析并绘制地图。

（5）必须考虑有关绑架受害者，以及受害者最终被抛弃的地点附近地区的人口统计资料。

（6）计算机软件用于分析接收到的信息和数据，并通过调查和监控来关注该地区。

有可能准确预测罪犯的下一次犯罪吗？执法机构主要使用犯罪地理侧写作为一种支持工具，并从中发展出许多调查策略。许多专家认为，犯大量罪行的罪犯为数不多。杰克逊等人（Jackson et al.，1995）的报告认为，大量针对陌生人的性犯罪是由相对较少的连环罪犯犯下的。调查涉及不当性行为的犯罪时，调查人员通常会使用性罪犯名册，重点关注罪犯已知的性偏好，以帮助确定可能的犯罪嫌疑人，以期破案。

犯罪模式往往根据从众多犯罪现场获得的大量数据而构建。沃伦等人（Warren et al.，1998）认为，考虑到研究事件模式在预测未来事件中的作用，这一观察结果已经引起了人们对研究连环或职业罪犯行为的兴趣。犯罪地理侧写有助于调查人员缩小特定区域的范围，在这些区域内，警方可以利用监视来定位可能的嫌疑人或罪犯。而这些通常是借助将犯罪特征与已知罪犯联系起来的嫌疑人名单来确定优先级并完成的。

警察，特别是那些巡逻警察，可能熟悉存在特定犯罪因素和容易发生犯罪活动的特定区域。人类是一种易于习惯和熟悉的生物，这一点在罪犯身上表现得尤为明显。罪犯很可能以同样的方式犯罪——尤其是如果他们从未被抓住，这通常被称为一种惯用手法。根据过去几年收集的数据，执法机构一直试图确定可能的犯罪行为模式。

犯罪分子相信他们永远不会被抓到，因此在寻找新的受害者或新的犯罪地点时，他们的行为往往被自满和舒适所影响。一个罪犯很少会冒险走出他的安全舒适区——特别是如果他曾成功犯罪的话。在特定计算机程序的支持下，执法机构能够识别并聚焦于特定的犯罪特征。从以前的行动、地点、具体信息、调查技巧和犯罪发生的频率中提炼出一种犯罪模式，作为预测和可能决定下一次犯罪发生的时间的基础。执法人员能够确定盗窃、抢劫、性侵犯的犯罪模式。通常，在事件被贴上"犯罪模式"的标签之前，需要对8~15起类似的犯罪进行分析。现在，先进的技术使得执法人员和调查人员在仅仅发生2~3起准确而具体的行为（包括可能的嫌疑人）之后就可以宣布犯罪模式的存在。

犯罪地理侧写为专家提供了一个机会，可以将特定犯罪的已知细节与类似行为的既定模式相结合，并识别潜在的罪犯甚至定位罪犯。有许多批评犯罪地理侧写的人声称，这种做法基本上是有根据的猜测，夹杂着一定程度的运气。罗斯木（2000）为犯罪地理侧写进行了辩护，认为它需要良好的警察工作水平、对可能的嫌疑犯或罪犯的了解、对当地地理和物理区域的熟悉，以及对犯罪现场的全面而准确调查的结合。

犯罪现场可以成为收集和分析数据的宝贵工具，尤其有助于发现在处理受害者尸体时罪犯的意图。在一个案件中，调查人员拼凑出了发生在3个州——伊利诺伊州、得克萨斯州和肯塔基州的系列谋杀案。经详细调查，本案有10人死亡，每名死者都被抛弃在铁轨附近。调查人员利用了地理上的相似性，推测凶手是一个进入铁路车厢的流浪汉。通过指纹，以及流浪汉式的生活方式和之前与执法部门的接触，警官识别出一名潜在的嫌疑人——拉斐尔·雷森德斯 - 拉米雷斯（Rafael Resendez-Ramirez），并进一步将他与各个犯罪现场联系起来。最终他被抓捕，并被指控犯有残忍的谋杀罪。

戈德温（Godwin，2000）报告指出，在犯罪地理侧写中，受害者被抛尸的位置，以及受害者最后被看到或被绑架的位置是非常重要的。尸体埋在哪里的重要性在于，如果罪犯将受害者埋在住所方圆5英里的范围内，是因为他熟悉这个地方，而且不太可能像人们从未见过的陌生人那样引起怀疑；如果尸体被埋在距离罪犯住处 10~15 英里的地方，其基本原理是，罪犯试图通过寻找一个不太可能被认出的地方，在自己和受害者之间制造距离。戈德温还指出，与受害者被发现的地方相比，目击证人的描述对于确定受害者最后被看到的地方是非常有用的。他使用了一种名为"捕食者"的计算机数据库系统，该系统用不同的颜色标出了罪犯可能居住在该地区的可能性。戈德温问了一些非常具体的问题：凶手是如何与受害者互动和建立关系的？是什么促使罪犯走了那么远才犯罪？

调查人员请戈德温协助处理一件陷入僵局的案件。他们找到戈德温，告诉了他一些受害者的情况——这些受害者都是黑人妇女，死于窒息和殴打造成的创伤。戈德温预测了罪犯的个性和性格、居住地附近的大致情况，以及其他详细而准确的描述。罪犯最终因为其中一项罪行而被捕，戈德温的预测非常准确，尤其是他预测到罪犯居住在附近一个街区内的位置。

戈德温列出了最可能发生犯罪，以及受害者遭受更大伤害风险的地区，尤其是遭遇连环杀手时：

（1）存在酒吧和夜总会的社区，以及卖淫盛行的地方。
（2）孤立的区域，如黑暗遥远的公园、慢跑道路和停车场。
（3）老人和穷人过多的地点和建筑物。
（4）城市内的破旧地区、贫民窟、黑帮出没的社区。
（5）大学校园及其周边。

二、距离衰减理论

伦格特等人（Rengert et al., 1999）认为，"犯罪旅程"即研究罪犯的居住地和犯罪地点之间的距离，多年来一直是犯罪学研究的重要课题之一。这方面的研究得出的最重要的结论是，大多数犯罪发生在罪犯的住所附近。距离衰减常与罪犯的犯罪数量有关，犯罪数量随罪犯居住地距离的增加而减少。布兰廷汉（Brantingham, 1991）注意到，基于社会心理学方法，人类行为倾向于熟悉，这也支持了距离衰减模型。在熟悉的环境中，入侵者更容易亲近受害者，也更容易对侵犯感到满足，但由于害怕被人认出或被识别出受害者是自己感兴趣的人，他们很可能会避开周围的区域。那些不太近也不太远但仍然熟悉的地区，被视为缓冲区。

罗德斯和康利（Rhodes and Conly，1991）认为，"旅程"的远近取决于行为人的年龄和性别。他们的研究表明，罪犯家附近和犯罪地点附近的土地使用模式将影响罪犯的犯罪距离。年长的性侵犯者通常会比他们的同龄人走得更远。戈尔和帕塔维纳（Gore and Pattavina，2004）认为，基于犯罪机会和罪犯理性的环境犯罪学理论的出现，以及空间分析的发展，为人们提供了更深入研究罪犯居住地和他们选择犯罪地点之间关系的机会。在研究过程中，戈尔和帕塔维纳采访了罪犯，以了解他们选择目标的过程。这些数据普遍支持大多数犯罪是罪犯在日常活动中获得机会的结论。

三、贝叶斯预估法

根据达睿缇（Darrity，2008）的研究，贝叶斯推理是一组基于英国数学家托马斯·贝叶斯（Thomas Bayes，1702—1761年）设计的公式的统计方法。统计推断涉及根据样本得出关于总体或过程的结论。种群的特征被称为参数。贝叶斯推理的独特之处在于，参数和样本数据都是随机收集的。随机性是贝叶斯预估法的一个特殊优势，因为所有的推理都可以基于概率计算，而非贝叶斯推理通常涉及与非随机抽样方法一致的挑战。

莱特纳和肯特（Leitner and Kent，2009）报告说，贝叶斯预估法支持一种直观的推理过程，用于在观察到证据之前和之后对假设的信息进行量化。贝叶斯预估法本质上是一种科学方法，随着刑事司法作为一个逐渐独立并确立为一种基于证据实践的行业，坚持科学价值和方法就变得越来越重要。社会科学领域的最新研究成果支持参与行动研究，即随着数据的积累，假设会发生调整。由于贝叶斯预估法量化了新证据修改假设的程度，因此它越来越成为决策支持过程中一个有吸引力的方式。

布洛克和伯纳斯科（Block and Bernasco，2009）提出了一个问题：我们能分辨出罪犯的居住地和犯罪地点吗？他们检验了一种新的方法——经验贝叶斯旅程犯罪估计。它与以前的方法不同，因为除了使用以前的距离衰减规则，还使用了一个起点—终点规则。在这种新方法中，侧写者不仅要询问前科犯的居所到犯罪现场的距离，还要询问前科犯在犯罪之前住在哪里。这种新方法不仅可以提高预测的准确性，还可以减少传统上对潜行者和行凶者的区分。

犯罪地理侧写的前提是能够从犯罪现场收集和分析过去的数据，从而在逻辑上预测罪犯下一步的行动。困难不在于所需要的数据，而在于对尽可能多的信息进行收集，包括罪犯留下的行为和证据。大多数专家认为，在抓捕罪犯时，犯罪地理侧写不是最可靠的来源。由于犯罪地理侧写所涉及的客观视角是主观或片面的分析，因此其可信度和一致性可能会受到质疑。大多数执法调查人员可能将犯罪模式归因于罪犯的习惯性倾向、罪犯跟踪和追踪行为，以及围绕罪犯非犯罪生活的一系列活动。研究者在收集信息方面的个人能力、经验和技巧往往会影响预测的准确性，因为在预测中，直觉实际上会与科学结合，产生积极的结果。

四、预测警务

弗拉霍斯（Vlahos，2012）指出，预测警务是当今执法领域最热门的话题之一，在美国和欧洲已经进行了十余次实验。然而，这种未来主义方法的缺陷在于，没有人确切知道它是否有效。犯罪的社会环境是多因素的和复杂的，因此很难确定哪一种策略是打击犯罪的最佳策略。犯罪学家开始将预测警务的影响与众多可能降低犯罪率的其他因素（如美国人口老龄化）进行区分。专家们可以肯定的是，警方的做法是正确的。在美国，犯罪率在2000年到2012年之间处于最低水平。在警察的工作中，每一次呼叫服务、交通堵塞、街头调查和逮捕都会产生数据，这些数据会使侧写人员能够提供可采取行动的线索——只要能从堆积如山的信息中适当地挖掘出这些线索就可以了。使情况更加复杂的是，未来并不总是能反映过去，因此，犯罪学家必须确定个别因素，并单独或与其他因素结合起来，梳理出它们的影响。布兰廷汉问道："在当前一系列犯罪的基础上（1991），我们能否建立一个数学模型，并从概率的意义上预测未来可能的犯罪模式？"他们认为，虽然对未来的描绘可能与过去的经历不同，但它仍是基于物证和罪犯的最大可能性而预测的。历史上，调查人员通过阅读手工统计数据，他们从文件存储中提取成批的有灰尘的记录，或者仅仅是通过感知预测可疑的事情发生。而在未来，技术、DNA、细节和证据的结合，以及敏锐的侦查，将提供最有效的犯罪侧写。在犯罪地理侧写框架内，这些工具将成为发现犯罪分子的最佳资源。

五、CGT、GIS、COMPSTAT、CEWS、Blue CRUSH 和 MAPS

（一）犯罪地理定位（Criminal Geographic Targeting，CGT）

罗斯木（2000）开发了一种特殊的计算机软件程序，称为犯罪地理定位系统。该程序能够快速评估犯罪的三维特征。罗斯木考虑了犯罪现场的位置和其他可能不会被注意到的身体特征：一个人是如何被绑架的、尸体怎样，以及尸体被抛弃在哪里。罗斯木强调调查受害者日常活动的重要性，因为这有助于确定罪犯可能居住的区域（根据罪犯首先在离家近的地方遇到受害者的假设）。CGT 软件使用以往已知的犯罪地点来计算罪犯居住地的可能性。罗斯木称曾经发生的每一起犯罪为"罪犯图谱的指纹"，犯罪地点越多，预测罪犯居住地的机会就越大。他通过一个已破案件（涉及一名承认杀害 11 名受害者的人）测试了 CGT 系统的效率。通过从每起谋杀案中获取的数据，罗斯木（2000）能够准确地定位到凶手家 4 个街区以内的地方。

罗斯木（2000）指出，数据的传播需要涉及某些地理实例或模式。

（1）当地人口：停留在一定的区域（稳定）的人，可能有某种期望或掠夺性动机，会在其家乡寻找受害者。

（2）心理地图：一个人对周围环境、安全区和参考点的认知图像。当一个侵犯者变得越来越大胆，其心理地图就会改变，即机会主义。

（3）流动性：罪犯是否会旅行（移动）？有流动倾向的嫌疑人，不会拒绝旅行。他们会为抓住他的受害者而计划一条犯罪旅行路线。

（4）距离：感知距离到实际距离。越是有成功的犯罪经历，就越自信，他的犯罪面积就越大。

在 CGT 系统中加入特定模式时，罗斯木提供了一些关于罪犯性格或习惯的例子。罪犯的运动模式、跟踪模式和罪犯的舒适区（感到安全的区域）都被考虑在内。在初步研究的基础上，罗斯木提出了一些从他的犯罪地理侧写中收集到的调查观察结果，例如：①右撇子罪犯在试图快速逃跑时，通常会向左逃跑，向右扔武器；②女性罪犯在迷路时，倾向于向坡上走，与男性相反，男性很可能往坡下走。

（二）地理信息系统（Geographic Information System，GIS）

地理信息系统软件利用人口数据和内置的绘图功能进行详细的统计分析。它们有能力存储和分析本地区的地理行为和特征。王（Wang，2004）认为，犯罪是典型的多地点事件，即一个犯罪事件涉及多个地点。了解犯罪地点及其相应的犯罪相关地点（例如，罪犯或受害者的住所、狩猎场、遭遇地点、处置地点）之间的空间关联模式，可以提高解释和预测犯罪模式的能力。地理信息系统技术与空间统计相结合已被广泛用于识别高犯罪率地区（即犯罪热点地区）。尽管如此，对于来自犯罪热点地区的犯罪地点和相应的犯罪相关地点之间的空间联系的调查工作还是有限的。

（三）计算机统计比较警务系统（Computer Statistics, COMPSTAT）

纽约警察局在1994年开发了计算机统计比较警务系统。COMPSTAT是一种地理信息系统，用于绘制特定的犯罪模式，识别犯罪热点，并跟踪不断变化的人口统计数据。在过去10年里，COMPSTAT大大降低了纽约的犯罪率。纽约警察局的社区警务计划已经成功地收到了详细的信息，通过这些信息，他们可以集中精力并实施解决方案。芝加哥警察局局长格里·麦卡锡（Gerry McCarthy）对COMPSTAT十分信任，并在他宣誓就任的当天开启了这一举措。许多执法部门和警察部门现在会使用COMPSTAT来打击犯罪。

巴拉克（Barak，2007）指出，从COMPSTAT计划中产生了两个截然不同的概念：第一，传统的以职能部门为基础的管理转变为以区域管辖为基础的管理。传统上，管理、资源和权力都下放给辖区警察指挥官。在职能上，分区单位和物证鉴定专家（如假释、侦缉、缉毒、青少年犯罪、交通）置于区指挥官指挥之下，或做出安排以确保他们能够响应指挥官的需要。而根据这项新安排，警区指挥官负责减少犯罪和维护社区治安。第二，建立一个特殊的单元，称为COMPSTAT单元（CPU）。CPU设计的目的是收集和分析犯罪和管理数据，并生成情报报告，以方便警察局长和纽约警察局指挥官的决策和绩效评估。

弗拉霍斯（2012）指出，COMPSTAT将常规的、半自动化的数据分析引入了警务工作，但随之发生变化的不仅是被记录的信息量，还有计算机辅助的快速分析能力。纽约市警察局在20世纪90年代中期推出的被广泛模仿的COMPSTAT项目，为执法人员提供了经常更新的高犯罪率地区地图。然而，在过去的几年里，预测性警务工作变得更加复杂。雄心勃勃的犯罪学家不再满足于分析过去的数据，他们试图预测未来。

（四）犯罪预警系统（Crime Early Warning System，CEWS）

犯罪预警系统是一种帮助警察可视化地显示发生在 24 小时内的相关犯罪的软件程序。该系统还可显示出在换班时的特定时间或间隔期间的犯罪趋势。犯罪预警系统具有以下功能：

- 使警察、监察员或犯罪侧写人员能够接收电子邮件警报，告知其特定地理区域内目标犯罪（帮派暴力、飞车抢夺等）的增加或减少。
- 允许其访问特定信息或其他地图层来确定目标区域内学校或企业的位置。
- 允许警察根据自己的需要进行额外的查询，以确定常见的作案手段（Modi Operandi，MOs）或请求犯罪侧写部门的帮助。
- 允许指挥官重新分配警力，以应对已确定的目标犯罪的增加。
- 允许指挥官决定所需的早晚班覆盖范围。
- 有效地与其他机构协调人员配备和特殊部署。
- 减少重复部署。
- 监控多个司法管辖区的犯罪趋势。
- 帮助指挥官决定何时何地部署团队能够达到最大的效率。

（五）利用统计历史减少犯罪（蓝色粉碎，Blue CRUSH）

"蓝色粉碎"（利用统计历史减少犯罪）是孟菲斯警察局和孟菲斯大学的一项合作，该合作被认为自 2006 年启动以来，帮助全市减少了 26% 的重大财产和暴力犯罪，汽车盗窃、抢劫和谋杀案件下降了 40%。如此强大的犯罪预测技术产生了一个令人不安的问题：我们是否在人们犯罪之前就对他们做出了有罪的判断？布兰廷汉等研究人员表示，"蓝色粉碎"研究项目并非如此。他说："这并不是预测某个特定个体的行为。""它是关于预测特定类型的犯罪在时间和空间上的风险。"使用这种分析工具的警察并没有在自由公民犯罪之前将其关押；相反，他们会在最危险的人所在的地区进行额外的巡逻。

（六）评估犯罪地理侧写软件的方法（MAPS）

2004年8月20日，一组10位具有犯罪分析、犯罪学、地理学、空间分析和软件开发背景的独立专家，在一个圆桌论坛上讨论了犯罪地理侧写软件的发展。根据美国国家司法研究所（2010）的说法，犯罪地理侧写软件有其局限性，包括评估概要的优缺点。会议的普遍共识是，准确度很可能是通过一系列全面的数学计算来实现的，这些计算包括侧写参数和诸如此类的情况：

（1）行为和社会概率，包括人格特征。

（2）特定的罪犯类型和背景，有组织的和无组织的，家族史。

（3）旅行方式，罪犯的稳定或短暂的行为。

（4）犯罪数据，类似的犯罪手段，性别，种族，职业，教育。

（5）地理上的可能性。

（6）犯罪已经发生的时间和地点。

（7）创伤，折磨，虐待，羞辱，冲动，强迫或天性使然。

（8）危险因素，情感满足，可疑的诱因。

（9）有证据表明这是一场犯罪，或可能是一次标记或战利品，仪式或幻想。

（10）处置尸体的地点。

专家推论，大多数罪犯都会在熟悉的环境中犯罪，包括区域附近的学校和企业。专家们一致认为，地理特征侧写似乎更适用于连环犯罪，如入室盗窃和连环杀手。这种类型的罪犯要么在他们熟悉的区域集中犯罪，要么在离居住地很远的地方犯罪。

在不熟悉的地方犯罪有两种方式：

（1）罪犯觉得他的行为会因为他是这个地区的陌生人而不被注意。

（2）一些罪犯可能会看到这样做的危害，因为他们是这个地区的陌生人而可能引起怀疑，人们可能会质疑他们的真正意图。

六、21世纪理性选择理论

科尼什和克拉克（Cornish and Clark, 1987）指出，罪犯将探索和合理化其决策过程，无论其基础如何。犯罪者将寻找机会来最大化利益和最小化被逮捕的风险。大多数罪犯面临的问题是时间限制，他们被限制在最佳犯罪时间内。他们的决策过程将通过自己的认知和心理能力来使用相关信息。罪犯的犯罪决定被认为是一种理性的选择，通常取决于不同的情况（在第二章中详细讨论）。提前计划的罪犯通常不仅在实施犯罪方面更成功，而且更能够躲避抓捕。科尼什和克拉克扩展了理性选择理论的不同特征，这些特征通常与犯罪及肇事者有关：

（1）罪犯追求的可及性。罪犯试图获得的人、物质财产或身份的可及性如何？

（2）深入的犯罪计划。罪犯会根据不同的情况合理地制订出最佳的计划，以及完成计划所需的时间。这份工作有多大胆？是否值得承受压力和焦虑？是否需要其他违法者？

（3）获得罪犯想要的东西的技术知识。

（4）完成犯罪所需的工具、物品或资源。

（5）罪犯将会得到什么？犯罪所得，或杀人的好处或乐趣。

（6）被逮捕并被认定为罪犯的风险。与受害者或"好心人"发生暴力冲突的可能性。

（7）被抓，被逮捕，被审判，最终因犯罪而受到惩罚的结果。

约切尔森和萨门诺（Yochelson and Samenow, 1976）指出了理性选择理论的矛盾之处，尤其是大多数罪犯在其犯罪思维中意识到的恐惧。约切尔森和萨门诺认为，罪犯在犯罪过程中表现出一种控制欲，大多数罪犯的思维方式是支离破碎的，对任何人，尤其是受害者，几乎没有同情心和同理心。罪犯有一种隐秘的天性，他们会撒谎或淡化自己的行为。同时，罪犯不一定是冲动的，而是对自己的行为进行了谋划。伦格特等人（1999）

扩展了这些观点，认为罪犯在空间中的行为是理性决策的产物，而犯罪机会和目标吸引力的感知受到其所处的物理和文化环境的制约。

波提格（Boetig，2006）认为日常活动理论于50多年前出现，并一直处于犯罪分析和预防工作的前沿。该模型从不同于以往大多数理论的角度，在不考虑违法行为动机的情况下，探索在时空上特定位置犯罪的关键组成部分的趋同。虽然当时的大多数理论主要关注罪犯及其动机和环境，但日常活动理论简化了犯罪学家通常认为理所当然的概念，它将注意力从罪犯身上转移到犯罪行为上。波提格指出："日常活动理论解释了日常生活模式或社交活动的变化如何影响犯罪率的差异。"

科恩和费尔森（Cohen and Felson，1979）强调，犯罪常常受到日常活动和机会的影响。他们认为罪犯和受害者必须在适当的时间（对罪犯而言）相遇，以使掠夺性犯罪得以发生。科恩和费尔森声称，犯罪（通常是掠夺性犯罪）发生有三个必要的因素：

（1）罪犯需要有犯罪的动机。他们的动机是性、金钱、报复，还是出于其他个人原因？

（2）"合适的"或"恰当的"受害者。一个可以被寻找的受害者（年龄、身高、体重）或者一个在错误的时间出现在错误的地点的受害者（可能没有特别的偏好）。

（3）没有任何人帮助或协助受害者（可能是一天中的某个时间段，无人区域）。

七、社会无组织理论

一些专家将社会无组织理论定义为社区成员未能达到解决共同问题所需标准的一种社会状态。早期的指标显示，社区受害是由20世纪80年代社会无组织理论提出的。社会无组织理论与城市困境和贫困环境有关。这是由于组成一个社区的各种组织的过失和疏忽，特别是学校、教堂和地方组织的失败，以及以单个家庭单位的解体、失业和对事情永远不会改善的冷漠态度所造成的。由于社会经济的困境和缺乏积极参与的资源，社区失去了责任感，这可能导致消极和犯罪行为。经历过这种困境的人很少对改善生活方式抱有希望，而且往往不接受"积极的前景会产生积极结果"的说法。

根据美国青少年司法和预防犯罪办公室（OJJDP，2003）的报告，社会无组织理论指出，一些变量——住所不稳定、种族多样性、家庭破裂、经济地位、人口规模或密度、邻近城市地区——影响着一个社区发展和维护强大社会关系系统的能力。

桑普森和格罗夫（Sampson and Groves，1989）运用社会无组织理论来解释受害行为，扩大了非正式社会控制的作用，认为其不仅限制了居住在附近社区的人的异常行为，而且限制了可能考虑在附近社区犯罪的人的行为，无论他们身在何处。

八、环境犯罪学

社会无组织理论为现代犯罪学家所称的环境犯罪学提供了框架。博顿和威尔斯（Bottoms and Wiles，1997）将环境犯罪学定义为"对犯罪、犯罪行为和受害行为的研究，因为它们首先与特定的地点有关，其次与个人和组织在空间上塑造其活动的方式有关，而这样做反过来又受到基于地点或空间因素的影响"。在这一流派最近的理论发展中，直接纳入了解释犯罪空间分布的机会因素。这个方向得到了鲍德温和博顿（1976）的支持，他们发现，一个犯罪率高的地区不一定与其他犯罪率高的地区相同，这表明不同的环境因素可能会影响各个地区。奥米特（Ouimet，2000）发现，尽管社会无组织性变量（例如，种族和单亲家庭）可以根据犯罪分子的居住地预测犯罪率，但机会变量（例如，地铁站和购物中心）有助于解释一个地区的青少年犯罪率。

齐默尔曼（Zimmerman，2010）指出，传统的研究表明，犯罪率高的地区也往往具有贫困、种族异质性和居住不稳定性等特征。一些研究通过关键的个人因素和社区因素来比较犯罪率。其中，许多人发现，个体特征与犯罪行为之间的关系不受邻里环境的影响。也就是说，生活在高危地区的高危人群的犯罪率最高，而生活在低危地区的低危人群的犯罪率最低。邻里间的长期性犯罪影响可以支配人们的行为，从而降低个体差异的影响，而缺乏强有力的社区就会推动犯罪，可能会导致冲动等个体特征的表现。科恩和菲尔森（1979）认为，在缺乏有能力的监护人的情况下，容易犯罪的人（有动机的罪犯）更容易犯罪。此外，自制力低的人在不同的环境下也容易犯罪。

九、破窗理论

两位德高望重的犯罪学家——哈佛大学教授詹姆斯·Q. 威尔逊（James Q. Wilson）和前警察基金会主任乔治·凯林（George Kelling），对破窗理论提出了自己的想法（1982）。他们认为，如果一个社区允许一个破碎的窗户保持毁坏状态，那将表明该社区根本不在乎自己的财产。许多破损的窗户表明社区并不在乎维护，而这将招致犯罪分子的注意。它将"邀请"毒品交易者和购买毒品的人真正接管社区，最终社区将会屈服于暴力和财产犯罪，例如入室盗窃、抢劫、卖淫、帮派活动和恐吓等。

洛伦兹（Lorenz, 2010）提到，在 1969 年，斯坦福大学心理学家菲利普·津巴多（Philip Zimbardo）做了一个实验，试图证明破窗理论背后的原理。在他的实验中，津巴多安排了一辆看起来像是抛锚了的车，该车被遗弃在纽约布朗克斯区和加利福尼亚州帕洛阿尔托的街道上。在布朗克斯的那辆车没有牌照，也没有引擎盖。

纽约的情况很快就得以展现。在 10 分钟内，破坏者袭击了汽车，并拆除了一些可维修的部件，包括电池和散热器。在最初的 24 小时内，几乎所有有价值的东西都被拆除了。此后不久，销毁仍持续了很长时间。窗户被砸碎，座椅被撕碎。破坏者似乎是衣着整洁的干净利索的白人。

在加利福尼亚州的帕洛阿尔托，废弃的汽车实验得到了不同的结果。

起初，这辆车被放置了一个多星期，无人问津，直到津巴多自己用大锤开始破坏。没过多久，破坏者（主要是白人青少年）也加入进来，毁坏了这辆车。几小时后，这辆"被遗弃"的汽车就被翻了个底朝天，完全报废了。

津巴多得出结论，无人看管的财产成为公平的游戏，特别是对于那些被认为守法的人。关于布朗克斯区的实验，津巴多指出，故意破坏行为很快就开始了，因为在纽约市这个自治市中，汽车经常被偷窃和丢弃，很明显，"没人在乎"。在帕洛阿尔托的实验中，那里的人们认为私人财产受到珍视，虽然故意毁坏或破坏基本上可以发生在任何地方，但其代价高昂。津巴多认为，任何"无人看管"的财产都可能导致控制失灵，即使在最好的社区中，也将造成灾难性的后果。

修理好房子，关心邻居，房主就会发出这样的信息："犯罪是不能容忍的，在我的社区里是不能容忍的。"杨（Yang，2010）指出，无组织与暴力之间的关系在犯罪学领域引起了很多争论。杨肯定，当混乱失控时，比如街上的垃圾或者乞丐接近路人，居民会察觉到问题并变得恐惧。混乱的迹象导致居民和潜在的罪犯都认为该地区的社会治安水平很低；因此，居民出于恐惧而撤离社区，而那些潜在的罪犯会用犯罪活动入侵该地区。基于破窗理论，我们可以得出这样的结论：混乱是城市犯罪问题的根源。

鲁福（2012）提出了芝加哥地区附近社区的一个假想的"无人看管或破窗的情况"。这种情况可能需要一些时间才能有所进展，通常需要数年，是一个逐渐侵蚀或破坏的过程。几周变成几年，但破坏仍在继续。

- 稳定的社区，周围有美丽的房屋，有孩子在玩耍。
- 由于丧失抵押品赎回权或其他原因，房屋被遗弃。在同一街区，又有一些房屋被废弃。社区环境螺旋式下降，恶性循环。人们陷入困境，经济开始下滑。
- 社区内杂草丛生；破坏者砸碎窗户，洗劫被遗弃的房屋。木隔板取代了玻璃窗。绝望开始袭来。
- 犯罪团伙接管被遗弃的房产，并占领该社区。出现了在废弃房屋出售毒品的涂鸦，以及购买毒品和沉迷毒品的人。卖淫、赌博、驾车枪击、青少年被枪击或杀害，恶性循环，各种犯罪活动开始增加。

- 该地区的入室盗窃案有所增加，车库被撬，物品被窃取。汽车被丢弃、被洗劫，垃圾填满了小巷和空地。暴力犯罪呈上升趋势。

- 良好的家庭搬出。其他房屋被遗弃，财产价值降低，到处都是垃圾和废弃物。骄傲一去不复返。

- 青少年在街角或附近的酒类商店前闲逛。商家无法对其店外进行控制。香烟被贩卖，毒品泛滥，人们四处游荡、乞讨、喝酒、打架、对抗，陌生人被袭击或刺伤。当地的商店关门或停业，人们感到不安全，无家可归的人睡在商店门口，醉酒的人被抢劫。

- 街道上人很少，人们变得冷漠，没人愿意参与其他人的事，人们害怕受伤，变得脆弱，老人不敢走路。更多的警力参与其中，夜间活动不安全，经常发生抢劫和强奸。人们感到绝望。

纽约市长鲁迪·朱利安尼（Rudy Giuliani）和纽约警察局局长威廉·布拉顿（William Bratton）在20世纪90年代初利用破窗理论帮助纽约减少犯罪。巴拉克（2007）称布拉顿将破窗理论作为打击犯罪的指导原则，这是他零容忍政策的一部分。人们相信，通过积极的警务工作，纽约警察局将向公众发出一个强烈的信号，即它正在采取严肃的行动来减少犯罪和维持社区秩序。朱利安尼和布拉顿希望解决大多数执法官员所说的生活质量和轻微犯罪问题。

朱利安尼和布拉顿都认为小偷小摸者（那些犯了诸如醉酒、流浪、随地小便、卖淫、乱丢垃圾等小罪的人，跳过公共交通闸门的人，主动乞讨的人，被控持有少量毒品的人）应该被逮捕并带离街道。他们相信，如果小偷小摸的罪犯的行为得不到处理，会导致更多的罪犯涌入，并有可能出现更多严重的、暴力的和不利的犯罪。朱利安尼和布拉顿都认为，即使是最轻微的犯罪也应该零容忍。不管罪行多么轻微，罪犯都应该被绳之以法，他们应该被逮捕并受到刑事起诉。

圣·吉恩（St. Jean, 2007）还指出，社会无组织是指能够被公众看到的并且是大多数公民认为不正常或反感的社会活动和互动的模式。尽管人们很少对这一理论的关键假设进行实证检验，"不愉快的邻里环境会导致罪犯在犯罪时几乎不考虑后果",这一假设仍然是美国和其他地方社区警务计划的主要动力,而这一理论始于罪犯对邻里关系混乱的理解。破窗理论没有注意到人们犯罪的动机是什么,其关注的是与违法行为相关的被动反应,而非主动反应。

以目前的形势来看,破窗理论并没有为社区犯罪问题提供长期的解决方案。

在一项相关研究中,芬克和库格勒(Funk and Kugler,2003)发现,轻微犯罪的增加动态地触发了更严重的犯罪,而事实并非如此,对轻微犯罪更严格地执法,不仅减少了轻微犯罪,也显著地阻止了更严重的犯罪。

| 参考文献 |

Baldwin, J., and A. E. Bottoms. *The urban criminal.* London: Tavistock Publications, 1976.

Barak, G. *Battleground: Criminal justice.* Westport, CT: Greenwood Press, 2007.

Block, R., and W. Bernasco. Finding a serial burglar's home using distance decay and conditional origin-destination patterns: A test of empirical Bayes journey-to-crime estimation. *Journal of Investigative Psychology and Offender Profiling*, 6 (3), 2009: 187–211.

Boetig, B. The routine activity theory. *FBI Law Enforcement Bulletin*, 75 (6), 2006: 12–19.

Bottoms, A. E., and P. Wiles. Environmental criminology. In M. Maguire, R. Morgan, and R. Rainer (Eds.), *The Oxford handbook of criminology*, 2nd ed., 305–359. Oxford: Clarendon, 1997.

Brantingham, P. L., and P. J. Brantingham. Notes on the geometry of crime. In *Environmental criminology*, 2nd ed., ed. P. J. Brantingham and P. L. Brantingham, Thousand Oaks, CA: Sage Publications, 1981: 27–54.

Cohen, L., and M. Felson. Social change and crime rate trends: A routine activity approach. *American Sociological Review*, 44, 1979: 588–608.

Cornish, D., and R. Clarke. Understanding crime displacement: An application of rational choice theory. *Criminology*, 25, 1987: 933–947.

Darrity Jr., W. Public goods. In *International encyclopedia of the social sciences*, 2nd ed. London: MacMillan Ltd., 2008: 13 – 14.

Funk, P., and P. Kugler. Dynamic interactions between crimes. *Economic Letters*, 79, 2003: 291 – 299.

Godwin, G. M. *Hunting serial predators: A multivariate classification approach to profiling violent behavior.* Boca Raton, FL: CRC Press, 2000.

Gore, R. Z., and A. Pattavina. Applications for examining the journey to crime using incident offender proability surfaces. *Police Quarterly*, 7 (4), 2004: 457 – 474.

Jackson, J., P. Van den Eshof, and E. DeKleuver. In *Offender profiling—Apprehending the serial criminal*, ed. D. Bekerian and J. Dennett. Chichester: John Wiley & Sons, 1995: 107 – 132.

Kelling, G. L., and J. Q. Wilson. Broken windows: The police and neighborhood safety. *Atlantic Monthly*, March 1982.

Leitner, M., and J. Kent. *Bayesian journey-to-crime modeling of single and multiple crime types.* New York: John Wiley & Sons, 2009.

Lorenz, A. S. The windows remain broken: How zero tolerance destroyed due process. *Public Integrity*, 12 (3), 2010: 247 – 259.

National Institute of Justice. *Geographic profiling.* Washington, DC: U. S. Department of Justice, 2010.

Office of Juvenile Justice and Delinquency Prevention. *Community correlates of rural youth violence*, division report. Washington, DC: OJJDP, 2003.

Ouimet, M. Aggregation bias in ecological research: How social disorganization and criminal opportunities shape the spatial distribution of juvenile delinquency in Montreal. *Canadian Journal of Criminology*, 135, 2000: 156.

Rengert, G. F., A. R. Piquero, and P. D. Jones. Distance decay examined. *Criminology*, 37 (2), 1999: 427 – 446.

Rhodes, W. M., and C. Conly. Crime and mobility: An empirical study. In *Environmental criminology*, 2nd ed., ed. P. J. Brantingham and P. L. Brantingham. Prospect Heights, IL: Waveland Press, 1991: 167 – 188.

Rossmo, K. D. *Geographic profiling.* Boca Raton, FL: CRC Press, 2000.

Ruffolo, P. Interview by Ronald Rufo, EdD (August 1, 2012).

Rufo, R. Chicago police officer and crime prevention speaker. Personal opinion, 2012.

Sampson, R. J., and W. B. Groves. Community structure and crime: Testing social disorganization theory. *American Journal of Sociology*, 94, 1989: 774 – 802.

St. Jean, P. B. *Pockets of crime: Broken windows, collective efficacy and the criminal point of view*. Chicago: University of Chicago Press, 2007.

Vlahos, J. The department of pre-crime. *Scientific American*, 306 (1), 2012: 62 – 67.

Wang, F. *Geographic information systems and crime analysis*. Hershey, PA: Idea Group Publishing, 2004.

Warren, J., R. Reboussin, R. R. Hazelwood, A. Cummings, N. Gibbs, and S. Trumbetta. Crime scene and distance correlates of serial rape. *Journal of Quantitative Criminology*, 14 (1), 1998: 35 – 59.

Yang, S. Assessing the spatial-temporal relationship between disorder and violence. *Journal of Quantitative Criminology*, 26 (1), 2010: 139 – 163.

Yochelson, S., and S. E. Samenow. *The criminal personality: A profile for change*. New York: J. Aronson Publishers, 1976.

Zimmerman, G. Impulsivity, offending and the neighborhood: Investigating the person-context nexus. *Journal of Quantitative Criminology*, 26 (3), 2010: 301 – 332.

第十一章

受害者特征

把罪行归咎于受害者，就像在分析第二次世界大战的起因时问"珍珠港在太平洋上究竟做了什么？"

——受害者（1982）

学习目标

- 如何利用受害者来识别未知的罪犯。
- 了解犯罪案件发生后，受害者面临的个人和心理问题。
- 理解与受害者访谈和获取信息的复杂性。
- 在罪犯身份识别和可能受到受害者指责之间保持微妙的平衡。

关键词

侦破（Cleared）

解构（Deconstruct）

受害者心理学（Forensic victimologist）

生活方式理论（Lifestyle theory）

模式（Patterns）

架构（Schema）

趋势（Trends）

受害者维权者（Victim advocate）

受害者指责（Victim blaming）

受害者服务提供者（Victim service provider）

一、引言

对受害者在刑事司法系统中所起作用的研究相对较新，关于受害者在识别未知嫌疑犯方面的价值的研究仍在完善中。受害者通常被迫面对许多挑战（包括医疗、心理和财务问题），这些挑战是由针对他们的暴力和非暴力的犯罪行为引起的。目前尚未有对受害者的具体侧写，他们涵盖了所有年龄、种族、民族和社会经济水平。虽然没有一个确定的受害者特征，但研究人员发现，生活方式、地点和种族似乎可以准确地预测谁更有可能成为犯罪的受害者。

受害者学（对犯罪受害者的科学研究）始于20世纪40年代和50年代，其创始人是本杰明·门德尔松（Benjamin Mendelsohn）和汉斯·冯·亨蒂格（Hans von Hentig）。从历史上看，受害者学将自己视为犯罪学的一个子学科，因此它倾向并集中于发展类型学，并根据受害者如何导致自己的受害进行分类。最初，门德尔松确定了受害者具有使自己更容易成为受害者的特征。他确定了六种类型的受害者，其中的五种类型描述了以某种方式造成自己受到伤害（也称为受害者沉淀）的受害者。冯·亨蒂格在门德尔松的早期分类系统之上，建立并确定存在最有可能成为凶杀受害者的特定类型的人。

早期的报告称，受害者与他们自己的受害行为有关。这一直困扰着对受害者的研究，人们普遍认为成为受害者是一种耻辱，因为人们潜意识里认为受害者本可以做些什么来阻止犯罪行为，或者他们在某种程度上促成了犯罪事件的发生。当受害者意识到他们没有被执法部门完全相信，或者调查人员试图赋予他们某种程度的责任时，这些看法将会阻碍积极的调查。

正如第五章所讨论的，在犯罪侧写中，相较于对个体罪犯的分析，对受害者特征及这些特征在确定和选择受害者中所起的作用的研究将会提供更丰富的信息。受害者研究面临的最大挑战是确定哪些因素更相关，以及应该从哪些角度分析数据。例如，根据专业人员（受害者维权者、受害者服务提供者、受害者心理研究专家等）在犯罪事件的整体分析和解决中所起的作用，行业本身就被区分了。问题应该是：这些专业人员中有哪些人能够接触到并能够提供有用的信息，以便为一个未知的罪犯进行侧写？此外，受害者心理学的发展在多大程度上能够为受害目标的选择标准提供独特的见解？

使用受害者侧写来确定罪犯的身份或动机，最大的挑战可能是所附加的耻辱感。作为一门学科，受害者学比犯罪学要年轻得多，而且对它试图实现或应该实现的目标缺乏广泛的理解。理想情况下，这一领域有机会向那些试图识别选择特征的人提供有价值的信息。但从历史上看，这些问题都是在暗示受害者应该对所发生的事情负责，而指责受害者并不是这一学科的目标。

此外，虽然受害者学是对受害者的科学研究，但许多分支学科会混淆该领域的目标。也就是说，受害者服务提供者有一个特定的工作功能，他们努力帮助受害者恢复生活；而受害者维权者虽然与此相关，但有不同的工作职能。受害者维权者可以是受害者服务提供者，但其在这一角色中的作用是帮助受害者了解法律体系，并通过法律程序支持受害者。与这些职业的亲密性质相反，受害者心理研究专家必须对受害者的直接需要和情感状态保持公正和不偏不倚的态度。从广义上说，执法人员是犯罪现场的第一批受害者心理研究专家，因为他们是开启数据和证据收集过程的第一批人。然而，执法部门与受害者之间的关系并不总是那么轻松，因为受害者经常会说，执法人员对他们很冷淡，问了一些不相干或主观的问题，有时还会让受害者觉得他们罪有应得。

重要的是要认识到，警察在负责保护社会的同时，也负责查明和抓捕嫌疑犯。20世纪70年代，兰德公司发表了一份研究报告，报告称，犯罪被报告的时间与犯罪被成功侦破的时间有直接关系。这种态度的结果是，警方将注意力主要集中于犯罪现场的证据和信息收集，而不一定是受害者的感受或需求。实际上，正是由于这一点，受害者服务提供者的地位才得以确立，因为他们在满足受害者的多种需求（情感、身体、实际）方面得到了更好的装备和训练。

同时，鉴于他们与受害者的亲密关系，受害者服务提供者可能会发现，自己很难保持公正。这可能造成一种两难的局面，因为他们更有可能从受害者那里收集到事件或事件发生原因的相关信息。然而，他们的工作职责要求他们关注受害者的安全感，并帮助其获得康复期间的社会服务。虽然在受害者和执法人员之间提供联络服务是受害者服务提供者的责任之一，但其工作重点有时可能会妨碍警方进行调查。

虽然这种方法看起来很残忍，但是从受害者出发对一个未知的罪犯进行侧写，最有效的方法就是解构受害者。但这有时会涉及——实际上也应该涉及——探索性的问题。这种冷漠的方法让调查人员可以问一些有助于深入了解罪犯的目标因素和受害者的接触机会的问题。虽然这似乎不言自明，但事实证明，实际过程很难实现——尤其是当调查人员提出棘手的私人问题时。这个意义上的困难可能包括对受害者来说不舒服的问题、似乎是侵犯个人隐私的问题，或者造成一种感觉，而这种感觉与受害者想要别人知道的东西不一致。

调查人员或侧写人员不应该因为受害者不舒服而不去问这些问题。通过对国家犯罪受害调查和统一犯罪报告的共同研究，研究人员认为，受害者数据中存在一些模式和趋势。表11.1展示了研究人员和从业人员在分析犯罪和受害趋势及制定政策时发现的一些重要内容。

表 11.1　受害者数据中存在的模式和趋势

测量的变化
趋势＝随时间发生的变化
模式＝根据数据显示，受害者的属性和被攻击的频率之间的联系
发现模式和趋势的能力有助于预测未来的事件

识别这些模式和趋势也有助于犯罪预防计划的完善，因为犯罪减少意味着受害者减少。尽管有了这些信息和预防犯罪的计划，但犯罪仍在继续，在某些情况下，罪犯仍然是未知的。在这些案例中，如果可能的话，受害者应该被用作识别罪犯的宝贵资源。有些人可能想知道，如果受害者没有看到或不记得罪犯，他们如何帮助调查。价值往往在于细节。

通过将用词从"原因"变为"相关",读者可以看到某些因素可能与受害程度高度相关,但不一定是受害程度的原因。执法部门将这些行为称为高危行为,比如深夜独自去酒吧。虽然这种选择没有错,但在受害数据的背景下,独自一人、喝酒、太晚外出都与成为受害者高度相关。因此,每一种生活方式的选择都创造了潜在的接触机会。

二、生活方式理论

最初,生活方式理论侧重于解释为什么某些群体(如年轻人、男性、穷人、单身人士、少数民族)比其他人有更高的受害率。具体来说,研究人员假设,"人们将时间和精力分配到一系列活动中的模式方式"使他们处于更大的受害风险中(Hindelang et al.,1978)。该理论的价值在于,它提供了一个通过社会服务进行犯罪干预的机会,以及针对某些漏洞开发的犯罪预防项目,如课后课程、上门服务和个人安全课程。

值得注意的是,最初的理论是使用受害者数据来解释受害,而不是犯罪暴露。以行为生活方式理论为基础发展犯罪行为理论,需要创新和严谨的方法。这主要是因为,如果不愿意深入探究,也不愿意提出更难的问题,人们就会发现:①现有的受害者数据的应用范围有限;②即使因素相同,重新包装旧信息也不一定能得到新产品。换句话说,这并不是说生活方式理论应该应用于犯罪侧写的构建;而是说,一个人的生活方式的要素可以提供对罪犯何时或何地开始以受害者为目标的洞察。这在侧写的构建中是无价的。

二、日常活动理论

日常活动理论(RAT)首次将传统的生活方式与犯罪者动机相结合。其结果是创立了一种包括对犯罪机会和受害者选择的双重方法的理论。简而言之，科恩和菲尔森（Cohen and Felson，1979）认为，三个独立事件的存在必须在两个方面联合起来，才能使犯罪事件发生。这三个独立的事件是：①缺乏一个有能力的监护人，可以是一个人（警察、家长），也可以是一个物品（汽车报警器、防盗系统）；②合适的目标，一般指容易从场景中移除的物品；③有动机的罪犯，当然是为了达到目的而愿意冒险受罚的个人。然而，仅仅有这三件事是不够的，它们必须在时间和空间两个方面汇合，以最大限度地增加犯罪事件发生的可能性。

从整体上考虑受害者，涉及对受害者及其生活的解构。这样做可以确定事件的具体细节，从而可能发现未知罪犯的特征，但也可能使受害者遭受无意的伤害。在这一过程中必须发挥最大的专业精神。在回答一个特定的问题时，受害者表现出不适或回避，那么如果此时调查者能够解释为什么这些信息是必要的及答案可能会揭示什么的话，可能会有助于受害者进行配合。

同样重要的是，要认识到调查人员并不仅仅是在寻找明显的目标因素，例如使用拐杖。也许更重要的是，寻找不那么明显的信息，例如，一个女人每周二工作到很晚，然后打车回家。尽管这似乎与周六下午的行凶抢劫无关，但一个周六独自生活、购物的年轻女子的身份，可能会吸引那些了解或研究她每周行程的人。

这不仅指正当的商业追求，也指不正当的商业追求。请记住，我们的目标是确定一个人的生活中哪些部分可能会增加他成为受害者的机会（图11.1）。应提出的问题包括：您目前正在从事使自己受到人身伤害风险增加的工作，例如酒保、夜班店员吗？还是从事与已知的罪犯关联的工作，

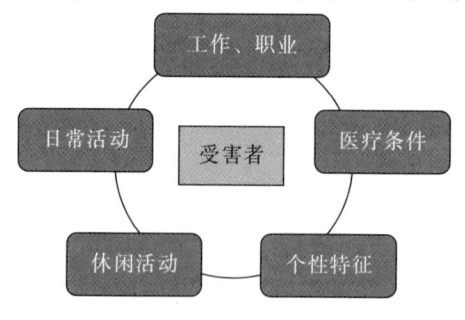

图11.1 分析受害者生活中的不同方面

例如缓刑或假释官、惩教官、执法人员、律师等？您当前是否在社会边缘的行业工作，例如卖淫、赌博、毒品交易？

提供详尽的潜在危险工作或职业清单是不可能的，但是这里提供的内容说明了提出非常具体的问题的价值。简单地问"你是做什么工作的？"，不能成功地引出上述模型所提供的深度和信息。只要有可能，回答是或否更合适。这有很多原因，但最主要的是，在受害之后，大多数人需要采取尽可能简单的步骤。他们的生活架构被打乱了，变得复杂，这时，回答开放式的问题可能太难。此外，调查人员希望在短时间内获得尽可能多的信息，避免受害者不得不做出回应将有助于防止他们变得不知所措。不过，不要想当然地认为，快速提出敏感问题会阻止受害者做出反应。特别是对于一起暴力犯罪的受害者，他们的自我保护本能会持续生效，如果他们发现你在试图欺骗他们或"建议"什么，他们可能拒绝回答。最好慢慢来，让他们处理问题，让你澄清问题，得到你想要和需要的回答。

（一）医疗条件

再次指出，医疗条件不仅指确诊的条件，也指未确诊的和可能有偏差的情况。明显的身体状况（轮椅、假体、女性、独自一人等）可能是罪犯的目标因素，因此识别他们或确定他们与其他受害者的关系模式是对罪犯进行侧写的关键。然而，有许多情况可能会将受害者归入高危类别，但这些情况可能不会那么明显，例如毒品或酒精。要确定这些问题是否存在及它们可能是什么，就需要向受害者提出个人的和探索性的问题。由于某些行为带有耻辱感和社会谴责感，因此最好要解释一下。如果调查人员不知道这些行为，那么这些行为在调查中可能会带来特殊的挑战。调查人员需要知道这些信息，因为目标是找到罪犯。需要记住的是，受害者可能不认为其行为是上瘾或有问题的。或者，他可能会在心里为自己的处境找借口："那天晚上酒吧里挤满了人，他是唯一的受害者，所以肯定发生了别的事情。"或者"我每个周末都这样，以前什么事也没发生，所以警察是错的。"

(二) 个性特征

确定受害者的性格是很重要的,因为这可以帮助调查人员更深入了解罪犯。受害者是否举止温和,有礼貌,而且害羞?如果是这样,那么相较于一个意志坚强、直言不讳、咄咄逼人的受害者,调查人员可能是在寻找一个更具掠夺性的罪犯。受害者是否表现出与冲动或冒险行为一致的模式?如果是这样,调查人员可能是在寻找一个"在那个时间和那个地点"发现目标的罪犯,而不是一个计划犯罪的人。如上所述,这些个性特征并不意味着受害者应该得到他所遭受的一切,但是如果重点是确定罪犯和罪犯类型(掠夺性和机会主义),那么必须考虑这些因素在整个情况中所扮演的角色。受害者的性格特征使他对某个特定的罪犯具有吸引力,这直接影响到罪犯想要锁定的目标类型。

(三) 休闲活动

确定罪犯何时或何地与受害者接触是很重要的。同样重要的是,调查人员不仅要查明受害者在遭遇犯罪时正在做什么,而且还要查明他在犯罪案件之前做了什么。已经确定调查人员正在寻找一个掠夺性侵犯者,那么有必要确定两种不同的行为类别。休闲活动是指受害者可能会做的放松活动(看电影、泡吧、出去吃饭等)。这些不一定是受害者日常生活的一部分,因此可能需要多考虑一下他在过去 2~4 周的休闲时间是如何度过的。这取决于其是否发生了一个特别不寻常的事件,使自己暴露在有动机的罪犯面前,例如,假期、出差。

(四) 日常活动

与随时间而变化的休闲活动相反,日常活动是指那些定期进行并需要维持日常生活的活动,如干洗店、杂货店、公共交通。如果调查人员确定罪犯是有条理的，并计划犯罪事件，他们就可能对受害者的日常活动安排有一定的了解，包括受害者每天做什么（为了确定一个偶遇的机会），经常去哪里（为了确定特殊的机会）。

犯罪学家将这些因素称为情境与生活方式的暴露（Turvey，2012）。这些区别可能有助于对案件的整体分析，但在与受害者面谈时，它们是无关的。

| 参考文献 |

Cohen, L., and M. Felson. Social change and crime rate trends: A routine activity approach. *American Sociological Review*, 44, 1979: 588 – 608.

Hindelang, M. J., M. R. Gottfredson, and J. Garofalo. *Victims of personal crime: An empirical foundation for a theory of personal victimization.* Cambridge, MA: Ballinger, 1978.

Turvey, B. E. *Criminal profiling: An introduction to behavioral evidence analysis.* Oxford: Elsevier, 2012.

第十二章

结论

科学不过是常识，即在观察上严格准确，对逻辑上的谬误毫不留情。

——托马斯·亨利·赫胥黎（Thomas Henry Huxley）

一、引言

本书试图为读者提供一定程度的关于犯罪侧写问题的指导。它将直觉演化的观点与具有坚实基础和实证支持的科学相结合。犯罪侧写的领域一直在变化，但从道听途说到科学调查的转变产生了一种做法，这种做法有助于在罪犯未知的情况下缩小嫌疑人范围。这是行之有效的，其主要原因是，如果更传统的关于暴力犯罪的认知被证明是不真实的，即罪犯通常是受害者认识的人，那么犯罪侧写最有可能被采用。

如果我们不承认在犯罪侧写的基础和目前采用的方法方面存在相当大的争议，那么我们就是在给读者帮倒忙。以下各部分内容将不采取任何立场地提出当前的批评意见。但这些观点的提出是为了让读者根据自己对主题的了解来决定接受还是拒绝这些批评。

二、研究方法论

20世纪70年代，美国联邦调查局的约翰·道格拉斯和罗伯特·雷斯勒对 36 名已知的（被监禁的）性谋杀犯进行了采访。根据德弗瑞（Devery，2010）的研究，这些访谈是很多侧写实践的基础，但其中包含一些方法论上的缺陷，这可能会使研究结果变得无用：

- 访谈是相对非正式的，每个罪犯的访谈都有所不同。
- 没有研究设计知识的迹象。
- 该样本是一个便利性的样本，因为只有被监禁的杀人犯与他们交谈。
- 选择与他们交谈的杀人犯可能患有一系列精神疾病（包括自恋和病态撒谎），这些疾病可能产生不可靠的信息。
- 没有非连环杀手的对照样本，导致无法确定"识别"特征在非监禁人员中发生的频率。

值得注意的是，尽管在研究方法上存在挑战，但没有任何迹象表明道格拉斯和雷斯勒在开始访谈时打算进行研究。他们只是希望从这些文章中收集到有助于分析（注意：不是解决）未来罪行的信息。他们的采访成为发展科学的基础这一事实，可能并非他们的本意或过错。事实上，对整个社会科学来说，合理的实践研究是新生的，因此尚不清楚他们对过度依赖研究的责任有多大。

然而，这并不是说，现在的研究人员和从业人员没有义务利用合理的研究方法。事实上，鉴于最近相关人员认识到并渴望犯罪侧写被承认为一个独立于社会学的科学领域，他们可能有更大的义务这样做。

三、基于犯罪现场的方法

（一）犯罪地理侧写

正如罗斯木提出的那样，犯罪地理侧写的价值在于，该方法只关注地理，而不考虑犯罪现场或罪犯的特征。它将环境犯罪学和数学融合到计算机模型中，有效地消除了任何主观输入。去除主观性意味着结果是纯粹客观和实证支持的。从表面上看，这是一个理想的情况。主观性孕育着差异性，差异性又孕育着犯错的可能性。当一个人的身份是通过客观、公正的方式获得的时候，人们对"被认定的犯罪嫌疑人就是正确的"信心就会增强。

然而，犯罪地理侧写本质上严重依赖距离衰减和圆周理论的概念——这两个概念都独立于地理地形和特征而存在。这就使人对输入哪一个变量是最重要的产生了疑问：犯罪事件的地点、受害者与罪犯相遇的地点、尸体被发现的地点。这三种变量的转换可能会产生扭曲的数据，因为它可能会增加程序考虑的范围。

对地理特征的另一个主要批评是，它假定被追捕的对象是一个掠夺成性的罪犯。掠夺性罪犯符合下列几种假设，包括个人特征（Laukkanen and Santtila，2006）：

- 是一个静态的本地化的或地理上稳定的连续犯罪者。
- 在有限的范围内犯罪。
- 受到心理障碍和环境特征的限制。
- 在其意识空间内进行操作。
- 可能有一个操作的锚点（避风港）。
- 在犯罪现场的分布中有一个避难所。

罪犯是抢劫犯这个假设，对罪犯为了犯罪而进入某地区的事实并没有提供太多帮助，这进而否定了关于避难所（通勤者）的地理识别。通勤者犯罪是指犯罪者（Laukkanen and Santtila，2006）：

- 具有分散流动性或在地理上是短暂的连续犯罪者。
- 在大范围内犯罪。
- 跨文化或心理界限。
- 大多数的犯罪都是在罪犯的意识空间之外进行的。
- 涉及复杂的狩猎策略。
- 没有可定义锚点的狩猎。

犯罪地理侧写也不适用于流窜者，比如那些没有固定住所的流浪汉，或者是在不断移动的过程中犯了罪的人。

最后要考虑的是潜在的嫌疑人。这是一个合乎逻辑的假设，即如果中心点位于城市地区而不是农村地区，那么对避难所的识别将产生截然不同的结果。由于被搜查区域的识别不包含罪犯的可界定特征，潜在的犯罪嫌疑人可能相当多。在一定程度上由于这个原因，即使是罗斯木也主张在地理模型的构建中引入调查人员和心理侧写。其理由是，当地人员最了解该地区，了解罪犯的特殊特征，甚至可能了解潜在嫌疑犯的某些独有的特征。这适用于识别受害者、遭遇地点和尸体处置的目的。请注意，重新引入调查人员的主观视角，也重新引入了发生错误的可能性。

（二）侦查心理学

侦查心理学是由大卫·坎特（David Canter）提出的，作为对以往"犯罪侧写"实践的改进，他认为"犯罪侧写"被过多的主观输入所困扰。侦查心理学的目标是将地理输入与心理输入相结合，从而得出更科学合理的结论。模型中包含五个主要元素：

（1）人际关系的连贯性，考虑与他人的互动（包括罪犯与受害者的关系）。

（2）个别犯罪特征，用于考虑犯罪类型。

（3）国内和社会特征，检查背景因素（家庭、教养、环境等），以确定可能犯下的罪行。

（4）职业和教育历史，用于检查一致性和学习能力，尤其是在如何将其应用于法医学适应方面。

（5）时间和地点的重要性，与地理因素直接相关。

该模型不仅包含位置信息，还包含其他元素，因此确实纠正了掠夺者与通勤者之间的挑战。由于这个模型在统计上非常密集，而且很多人对一般的统计数据比较反感，术语和过程使得这个模型对于最有可能使用它的人来说是不可访问的。与此相关的事实是，该模型所使用的术语是基于数学的，而不是基于司法的，因此，从行业努力转向"翻译语言"的角度来看，这个模型并不能很好地在该领域广泛应用。

四、基于心理学的方法

该方法通过对犯罪现场变量、行为特征（如犯罪现场所暗示的那样）和人格特征的研究，试图推断出罪犯的心理特征。

（一）有组织和无组织

如前所述，最著名的行为分类是有组织或无组织的二分法。它是由美国联邦调查局在对36名被定罪的性谋杀犯进行采访后开发的（Ressler and Burgess，1985）。总的来说，最简单的解释是一个无组织的罪犯会留下一个无组织的犯罪现场。然而，也有一些批评指出，犯罪现场的情况可能会误导人，如果罪犯知道分类系统，并故意试图通过留下一个无组织的犯罪现场来干扰调查人员，而这种犯罪现场的知识和计划本身就意味着有组织的罪犯（反之亦然）。同样，犯罪现场的状态仅仅是犯罪现场本身的状态，很少有人支持利用犯罪现场对罪犯的行为或性格进行分类。

（二）犯罪调查分析

犯罪调查分析使用各种输入信息（受害者、警察、证人、尸检和法医鉴定等正式报告）和不断重新评估数据，以构建一个侧写。简而言之，人们相信在犯罪现场存在的某些因素会暗示并支持对罪犯性格的假设。这个过程被描述为使用"头脑风暴，直觉和有根据的猜测"（FBI，1980）。这种方法最大的好处是它没有与地理和统计模型一样复杂和令人生畏的词汇表。它对传统和熟悉的刑事司法词汇的依赖使它有更好的用户体验。然而，从分析的角度来看，它缺乏先前方法的严密性。该方法在很大程度上基于现有的数据，得出的假设并不总是符合新信息或新情况。而且，通常情况下，这个过程并没有按照美国联邦调查局的建议进行重新审查，因此，在输入原始信息之后，新的案件信息不会在原始侧写中反映出来。这种疏忽很可能是由执法部门面临寻找罪犯的巨大压力造成的。他们只是想简单地缩小嫌疑人范围，因此仅仅概括性地总结了自己的发现，并未打算形成具体的描述性的侧写文件。对此的合理化解释是重新检视和更新基于新信息的侧写所浪费的时间可能并不总是合理的。

（三）行为证据分析

行为证据分析（Behavioral Evidence Analysis，BEA）纠正了犯罪调查分析与以往已有案件比较的不足之处，它集中分析每个案件的犯罪现场特征，从而推断出罪犯的信息。这样，对罪犯的假设就可以直接与现场的证据联系起来，而不需从各种事实的汇编中进行推测。这种方法鼓励多个学科的输入，包括但不限于受害者心理研究专家、犯罪现场专家和调查者或侦探。最终，其结果是一个基于从犯罪现场发现的已确定的事实或证据的全面的侧写，该侧写几乎完全依赖于犯罪现场。来自不同角度的输入量也使得侧写更加统一，因为无论有多少个人在审查信息，如果所有的信息都是完整的，那么就可以合理地假设其结果是一致的。在某种程度上，这借鉴了统计学中大数定律的基本原理。大数定律在本质上认为，样本的数量越多，结果就越接近"正常"。

尽管该方法有其价值，但是该模型对于执法来说缺乏实用性，因为任何分析活动的目标都是缩小嫌疑人范围。确认嫌疑人身份最简单的方法是能够确定嫌疑人年龄和性别。虽然犯罪现场分析可以实现一些范围的缩小，但它几乎不能识别这些人口统计数据。从严格的执法角度来看，BEA在这一领域提供的帮助微乎其微。

另一个不利于BEA效用的考虑是收集信息和构建侧写所花费的时间。从传统上讲，时间对警方的调查来说并不充裕。这是由多种原因导致的事实，例如，一些证据会随着时间的推移而变化，一些目击者会忘记发生了什么或随着时间的推移而消失，而一些罪犯可能会消失或随着时间的推移而转移。此外，业界普遍认为，事件发生与事件被发现之间的时间越长，破案的机会就越小。这就是说，虽然 BEA 的结果可能由于输入的信息数量多而准确，但由于根据侧写实施逮捕所需的时间而缺乏可行性。

最后，虽然该行业努力实现一个更公正和无偏见的方法来构建一个有效的侧写，但 BEA 严重依赖工作经验来解释信息。因此，它需要培训和经验，而这两者都不是准确解释的保证。

| 参考文献 |

Devery, C. Criminal profiling and criminal investigation. *Journal of Contemporary Criminal Justice*, 26 (4), 2010: 393-409.

Laukkanen, M., and P. Santtila. Predicting the residential location of a serial commercial robber. *Forensic Science International*, 157 (1), 2006: 71-82.

Ressler, R., and A. Burgess. Crime scene and profile characteristics of organized and disorganized murders. *FBI Law Enforcement Bulletin*, 54 (8), 1985: 18-25.

索引

索引页码为原书页码

A

Abductive reasoning 溯因推理, 45–46

Abuse, cycle of 虐待循环, 90–91

Addiction, sexual 性瘾, 95–97

Agnew, Robert 罗伯特·阿格纽, 31

Akers, Ronald 罗纳德·埃克斯, 32

Allport, Gordon 高尔顿·奥尔波特, 28

Ambiguity 歧义, 41

American Psychoanalytic Association 美国精神分析协会, 25

Angels of death 死亡天使, 127–128

Angels of mercy 仁慈天使, 126, 127

Animal cruelty. See also MacDonald triad 虐待动物, 107–108。另见麦克唐纳三要素

Antisocial personality disorder (ASP) 反社会人格障碍 (ASP), 116

Arambula, Saul 索尔·阿拉姆布拉, 81–83

Arson. See Fire setting 纵火。另见纵火

At-risk populations 高危人群, 57

Atavism 返祖现象, 23–24

Atlanta child murders 亚特兰大儿童谋杀案, 8–9

B

Bandura, Albert 阿尔伯特·班杜拉, 27

Bayesian method of estimation 贝叶斯预估法, 160–161

Beccaria, Cesare 贝卡利亚侯爵, 2, 18 – 19

Behavioral evidence analysis 行为证据分析, 187 – 188

Behavioral Science Unit, FBI 美国联邦调查局行为科学部门, 8, 9 – 10, 11

Behaviorism 行为主义, 25 – 26

Belief – desire – intention (BDI) 信念—欲望—意图 (BDI), 70

Bentham, Jeremy 杰里米·边沁, 19

Berdella, Robert 罗伯特·伯德拉, 204 – 205

Berkowitz, David 大卫·伯科维茨, 109, 118, 193 – 194

Biological school 生物学派, 54, 55 – 56

Black Death 黑死病, 17

Black widow killers 黑寡妇, 119

Blue CRUSH 蓝色粉碎, 165

Bond, Thomas 托马斯·邦德, 8

Boston Strangler 波士顿绞杀魔, 191 – 193

Branch Davidians 大卫教派, 103

Bratton, Benjamin 布拉顿·本杰明, 171, 172

Broken windows theory 破窗理论, 169 – 172

Brussel, James A 詹姆斯·A. 布鲁塞尔, 4, 5, 6, 8

Bullies, characteristics of 霸凌者特征, 62 – 63

Bullying. See also Cyberbullying 霸凌。另见网络霸凌, 58, 60, 62

Bundy, Ted 泰德·邦迪, 119

Burgess, Ernest 欧尼斯特·伯吉斯, 30

Burgess, Robert 罗伯特·伯吉斯, 32

Butcher of Plainfield. See Gein, Ed 平原镇屠夫。另见爱德华·盖恩

C

Cattell, Raymond 雷蒙德·卡特尔, 28

Centennial Olympic Park Bombing 百年奥林匹克公园爆炸案，137

Chain of custody 保管链，145–146

Chicago School of Ecology 芝加哥社会生态学派，30

Child abuse 虐待儿童，52

    See also Child sexual abuse defining 另见儿童性虐待定义，86

    prevalence 普遍程度，86

Child pornography 儿童色情作品，89

Child Savers Movement 儿童庇护所运动，52–53

Child sexual abuse 儿童性虐待，86–89

Circumstantial evidence 间接证据，70

City line stalker 城市巡警，147–148

Classical conditioning 经典条件反射，26

Classicalism 古典主义，17，18–20

Cognitive psychology 认知心理学，27

Computer Statistics（COMPSTAT）system 计算机统计（COMPSTAT）系统，163–164

Concentric zone theory 同心圆理论，29–30，30–31

Conduct disorder 行为障碍，116

Corder, Patricia 帕特里夏·科德，128–129

Corll, Dean 迪恩·科尔，194–195

Corona, Juan 胡安·科罗娜，203

Corpus delecti 犯罪事实，69

Crime Early Warning System（CEWS）犯罪预警系统（CEWS），164–165

Crime patterns 犯罪模式，157

Crime scene analysis（CSA）犯罪现场分析（CSA），149–151

Crime scene technicians 犯罪现场技术人员，148

Crime scenes 犯罪现场

    assessment of scene 犯罪现场评估，143

    characteristics 犯罪现场特征，81

  custody, chain of 保管链, 145–146

  data collection 数据收集, 143–145

  description 描述, 141–142

  preliminary investigators 初步调查员, 142–143

  processing 犯罪现场处置, 147–148

Criminal geographic targeting (CGT) 犯罪地理定位 (CGT), 162–163

Criminal investigative analysis 犯罪调查分析, 151–152, 187

Criminal profiling (CP) 犯罪侧写 (CP)

  definition of 定义, 2

  FBI definition of 美国联邦调查局的定义, 2

  history of 犯罪侧写的历史, 1–2, 7–8

  process of 过程, 2–3

  psychiatry, contributions to CP 精神病学的贡献, 3, 4

  traditional 传统理论, 14

Criminal typologies 犯罪类型学

  criminal event typologies 犯罪案件类型学, 76

  offender typologies 罪犯类型学, 76–77

  overview 概述, 75–76

Criminalists 物证鉴定专家, 149

Criminological theory. See also specific theories 犯罪学理论。另见具体理论

  biological theories 生物学理论, 22, 23–24

  overview 概述, 22

  psychological theories 心理学理论, 24–29

  sociological theories 社会学理论, 29–33

Criminology applied 适用犯罪学

  definition 定义, 8

  focus 重点, 7

  areas of 领域, 7

CSI effect CSI 效应, 145

Cyberbullying 网络霸凌, 58, 60 – 62

See also Bullying Cybercrimes, sexual, against children 另见针对儿童的网络性霸凌和犯罪, 92 – 94

Cycle of violence hypothesis 暴力循环假说, 56 – 57, 122

D

Dahmer, Jeffrey 杰夫瑞·达莫, 199 – 200

Deductive analysis 演绎分析, 15

Deductive reasoning 演绎推理, 45

Depue, Roger 罗杰·迪皮尤, 8, 12

DeSalvo, Albert 阿尔伯特·德萨尔沃, 191 – 193

Determinism 决定论, 21 – 22, 53

Diagnostic and Statistical Manual of Mental Disorders (DSM) 精神疾病诊断和统计手册 (DSM), 116

Differential association 差异联想, 32

Differential reinforcement theory 差异强化理论, 32

Discipline, child 儿童管教, 50 – 51

Disorganized offenders. See Organized versus disorganized offenders 无组织的罪犯。另见有组织与无组织罪犯, 81

Distance decay theory 距离衰减理论, 159 – 160

DNA evidence DNA 证据, 144

DNA profiling DNA 图谱, 151 – 152

sexual assault, from 性侵犯中发现的 DNA 证据, 74

Douglas, John 约翰·道格拉斯, 8, 9, 10, 11

Durkheim, Emile 埃米尔·杜尔凯姆, 31

Dysregulation, emotional 情绪失调, 94

E

Ego 自我, 25

Emotional dysregulation 情绪失调，94

Enlightenment Age 启蒙时代，2，17–18，38

Environmental criminology 环境犯罪学，169

Epicurus 伊壁鸠鲁，14，15

Euthanasia 安乐死，126

Exchange principle 交换定律，146

Extroversion 外向，28

Eysenck，Hans 汉斯·艾森克，28，29

F

Fallacies ambiguity of 谬论，41

 formal 正式的，41–42

 informal 非正式的，39–40

 overview 概述，39–40

Federal Bureau of Investigations（FBI）美国联邦调查局（FBI）

 Behavioral Science Unit. See Behavioral Science Unit，FBI 行为科学部门。另见美国联邦调查局行为科学部门，8，9–10，11

 criminal profiling（CP），definition of 犯罪侧写（CP）的定义，2

 profilers，noted. See also specific profilers 侧写师。另见具体侧写师，8–9

Federal Emergency Management Association（FEMA）联邦应急管理协会（FEMA），109

Filicide 弑子，128，131–132

Fire setting. See also MacDonald triad arson 纵火。另见麦克唐纳三要素之纵火，110–111

 environmental indicators 环境指标，113–115

 firefighter arson 消防员纵火，134–136

 individual indicators of/risk levels 个人指标/风险水平，109，110–113

 violent crime，relationship to 与暴力犯罪的关系，108–109

Forensics 法医学

 definition 定义，6

 history of 历史，6

 overview 概述，6

Freud, Sigmund 西格蒙德·弗洛伊德，25, 29

G

Gacy, John Wayne 约翰·韦恩·盖西，200 – 202

Gaskin, Donald 唐纳德·加斯金斯，195 – 196

Gein, Ed 爱德华·盖恩，103, 196 – 197

Genetics, role in criminal behavior 遗传学，在犯罪行为中的作用，23

Geographic information system (GIS) 地理信息系统（GIS），163

Geographic profiling 犯罪地理侧写

 body placement 尸体处置地点，158 – 159

 crime patterns 犯罪模式，157

 overview 概览，155 – 157

 usefulness 作用，158

 value of 价值，184 – 186

Gilbert, Shannon 香农·吉尔伯特，104

Gilgo Beach murders 吉尔戈海滩谋杀案，104

Giuliani, Rudy 鲁迪·朱利安尼，171 – 172

Glatman, Harvey Murray 哈维·默里·格拉特曼，199

Green River Killer 绿河杀手，99, 197

H

Hazelwood, Roy 罗伊·黑兹伍德，8, 9, 11

Hedonism, rational 理性享乐主义，15

Hero complex killers 英雄情结杀手

 firefighter arson 消防员纵火，134 – 136

　　　　law enforcement crimes 执法人员犯罪，136－137

　　　　medical murder 医疗谋杀，126－128

　　　　military personnel 军事人员，137

　　　　overview 概览，125－126

　　　　primary care providers 初级护理提供者，128－132

Holmes，H. H. H. H. 霍姆斯，103，198－199

House of Refuge 庇护所，51－52

Hughes，Donna Rice 唐娜·赖斯·休斯，92

Hundred Years War 百年战争，17

I

Id 本我，25

Inconsistency 不一致性，40

Inductive reasoning 归纳推理，15，43，44

Inference to the best explanation（IBE）最佳解释推理（IBE），70－72

Intent 犯罪意图，75

Introversion 向内，28

Investigative psychology 侦查心理学，186

J

Jack the Ripper 开膛手杰克，8

Jewell，Richard 理查德·杰维尔，137

Jones，Genene Anne 珍妮·安妮·琼斯，127

Justice，natural 自然正义，15

K

Kaczynski，Theodore 西奥多·卡钦斯基，106

Kelling，George 乔治·凯林，169－170

Kelly，Alice 爱丽丝·凯莉，6

Kemper，Edmund 埃德蒙·肯珀，68

Kirk，Paul 保罗·柯克，6，7

Koresh，David 大卫·考雷什，103

L

Latimer，Tracy 特雷西·拉蒂默，128，129

Leakage，concept of 暴露的概念，12

Lifestyle theory 生活方式理论，179

Locard exchange principle 罗卡交换原理，146

Locke，John 约翰·洛克，17

Logic abduction 逻辑推理，43

    abductive reasoning 溯因推理，45–46

    argument 论点，38–39

    assertions 断言，39

    consistency 一致性，40

    deductive reasoning 演绎推理，45

    definition 定义，38

    ex ante 事前，43

    ex post 事后，43

    implementation of 实现，42

    inductive reasoning 归纳推理，43，44

    inference 推理，39

    premise 推理的实现，前提，39

Lombroso，Cesar 切萨雷·隆布罗索，23–24

Lonely Hearts Killer 孤心杀人狂，199

Love stalkers 爱恋跟踪狂，99

M

MacDonald triad 麦克唐纳三要素，54，55

animal cruelty 虐待动物，107 – 108

  enuresis 遗尿，106 – 107

  fire setting. See Fire setting 纵火

Machete Murderer 弯刀杀手，203

Mad bomber case 疯狂炸弹客案，4 – 6

Manson，Charles 查尔斯·曼森，103

Mass murder 大规模屠杀，102 – 103

Matza，David 戴维·马茨阿，32

Mayhew – Moreau distinction 梅赫—莫罗分类，78

McKay，Harry 亨利·麦凯，30

Mendelsohn，Benjamin 本杰明·门德尔松，176

Mental illness 精神疾病

  diagnosing 诊断，3

  violence，link between 与暴力之间的联系，3

Merton，Robert K 罗伯特·K. 默顿，31

Metesky，George 乔治·梅茨基，4，5，6

Methodology for Evaluating Geographic Profiling Software（MAPS）评估犯罪地理侧写软件的方法（MAPS），165 – 166

  Middle Ages 中世纪，16 – 17

  Modus operandi 作案手段，157

  Molestation，child 儿童性骚扰者，88

  Morgan III，Arthur E 亚瑟·E. 摩根三世，131 – 132

  Motives 动机

    belief – desire – intention（BDI）信念—欲望—意图（BDI），70

    determination 决定动机，73 – 74

    environmental reconstruction 环境重建，72 – 73

    individual reconstruction 个人重建，73

    inference to the best explanation（IBE）最佳解释推理（IBE），70 – 72

    overview 概览，69 – 70

serial killers, of, 连环杀手, 119 – 120

Munchausen syndrome by proxy (MSP) 孟乔森综合征 (MSP), 129 – 130

N

Narcissism 自恋, 91

National Center for the Analysis of Violent Crime (NCAVC) 国家暴力犯罪分析中心 (NCAVC), 10 – 11, 12, 135

National Crime Victimization Survey (NCVS) 全国受害者情况调查 (NCVS), 79, 178

National Institute of Justice 国家司法研究所, 3

Neoclassicalism 新古典主义, 20 – 21

Neuroticism 神经质, 28

Neutralization 中立主义, 32 – 33

Non sequitur 不合逻辑, 40 – 41

O

Offender typologies 罪犯类型, 77 – 78

Olympic Park Bombing 奥林匹克公园爆炸案, 137

Operant conditioning 操作性条件反射, 26

Organized versus disorganized offenders 有组织的和无组织的罪犯, 81, 187

P

Paraphilia 性欲倒错, 91 – 92

Parens patriae 国家监护权, 52

Parent-killers. See also Hero complex killers gender differences 弑子父母。另见英雄情结杀手的性别差异, 132

    maternal characteristics 母系的特征, 132 – 133

    paternal characteristics 父系的特征, 133 – 134

Park，Robert 罗伯特·帕克，30

Pavlov，Ivan 伊万·巴普洛夫，26

Pedophiles 恋童癖者，91，92

Pee Wee 小个子，195-196

Peeping tom 色情狂，97

Peer relationships and crime. See also Bullying 同伴关系与犯罪。另见霸凌，23，57-58

    socialization，role of 社会化，80

Personal decision 个人决定，20

Personality trait theory 人格特质理论，27-29

Perversion，sexual 变态性行为，92

Petitio principii 循环论证，40

Plato 柏拉图，3，101

Pornography，child. See Child pornography 儿童色情作品。另见儿童色情作品

Positivism 实证主义，21，54

Predictive policing 预测性警务，161-162

Principal Doctrines 主要学说，15，16

Profiling，criminal. See Criminal profiling（CP）犯罪侧写（CP）。另见犯罪侧写（CP）

ProtectKids.com 保护儿童网，92

Psychoanalysis 精神分析，25

Psychoanalytic theory 精神分析理论，29

Psychopaths 精神变态，29，116，117

Punishment 惩罚，19，20，46-47

    deterrence，as 威慑，53

R

Rapists，typology of 强奸犯类型学，11

Rational choice theory 理性选择理论, 20 – 21, 166 – 167

Rational hedonism 理性享乐主义, 15

Reasoning 推理, 38, 39, 43, 44, 45

Reciprocal benefit 互惠利益, 15

Refuse, House of 儿童庇护所, 51 – 52

Renaissance 文艺复兴, 17

Ressler, Robert 罗伯特·莱斯勒, 8, 10, 11

Ridgway, Gary Leon 加里·立昂·里奇韦, 99, 118, 197

Routine activities theory (RAT) 日常活动理论 (RAT), 20, 167 – 168, 179 – 182

S

Serial killers 连环杀手

    causality 因果关系, 120 – 121, 122

    criminal histories, prior 犯罪, 115 – 116

    demographic profile 基本人口统计资料, 105, 106

    hedonists 享乐主义型, 118 – 119

    lust killers 情欲杀手, 118, 119

    missionary killers 任务导向型杀手, 118

    motivations 动机, 119 – 120

    overview 概述, 101

    power control killers 权力控制杀手, 119,

    profiles of 侧写, 10

    psychiatric histories, prior 既往精神病史, 116 – 118

    public fascination with 公众沉迷, 101

    thrill killers 惊悚型杀手, 118 – 119

    visionaries 幻想型, 118

Serial murder 连环谋杀, 105

Sexual abuse, child. See Child sexual abuse Sexual addiction 儿童性虐待。

另见儿童性虐待性瘾, 95 – 97
 Sexual cybercrimes against children 恋童癖在网络上的犯罪, 92 – 94
 Sexual Impulse Disorder 性冲动障碍, 92
 Sexual perversion 性变态, 92
 Sexual violence 性暴力, 90, 97
 Shakespeare, William 威廉·莎士比亚, 3
 Shaw, Clifford 克利福德·肖, 30
 Silence of the Lambs 沉默的羔羊, 9
 Skinner, B. F. B. F. 斯金纳, 26
 Smith, Susan 苏珊·史密斯, 131
 Social class and criminality 社会阶级和犯罪, 79 – 80
 Social contract 社会契约, 17 – 18, 19
 Social disorganization theory 社会无组织理论, 168
 Social order 社会秩序, 19
 Social process theories 社会进程理论, 31 – 32
 Sociopathy 反社会, 54, 116
 Son of Sam 山姆之子, 109, 193 – 194
 Speck, Richard 斯派克·理查德, 203 – 204
 Spouse revenge filicide 配偶报复弑子, 131 – 132
 Spree killing 疯狂杀戮, 103
 Stalking 跟踪, 98, 99
 Strain theory 应变理论, 31
 Superego 超我, 25
 Sutherland, Edwin 埃德温·萨瑟兰, 32
 Sykes, Gresham 格雷瑟姆·塞克斯, 32
 System typologies 系统类型学, 76

T

 Tarde, Gabriel 加布里埃尔·塔德尔, 27

Tardieu, Ambrose 安布罗斯·塔尔迪厄, 52

Temperament 气质, 28

Teten, Howard 霍华德·泰腾, 8

Transparency of law 法律的透明度, 18

Triggers 触发因素, 74 – 75

Twin studies of crime 双胞胎的犯罪问题, 23

U

Uniform Crime Report (UCR) 统一犯罪报告（UCR）, 79, 178

Utilitarianism 功利主义, 17

V

Victimologists 受害者心理研究专家, 6

Victimology 受害者研究

    challenges 挑战, 176 – 177

    history of 历史, 176

    interviewing victims 采访受害者, 180 – 182

    patterns 模式, 178

    profiling of victims 受害者侧写, 178

    trends 趋势, 178

Victims, crime. See also Victimology challenges faces by 受害者，犯罪。另见受害者研究面临的挑战, 176

    needs of 需要, 177

    study of 研究, 175 – 176

Violence 暴力

    cycle of, hypothesis 暴力循环假说, 56 – 57

    mental illness, link between 精神障碍与暴力之间的联系, 3

    predicting 预测, 54, 55, 56

    risk factors for 风险因素, 3, 4

sexual. See Sexual violence 性行为。另见性暴力

Virginia, University of 弗吉尼亚大学，3

Von Hentig, Hans 汉斯·冯·亨蒂格，176

Voyeurism 偷窥癖，97

W

White supremacists 白人至上主义者，8-9

Wilson, James Q. 詹姆斯·Q.威尔逊，169

Wolfgang, Marvin 马汶·沃尔夫岗，14

Z

Zimbardo, Phillip 菲利普·津巴多，170